フィネスの向こう側にある、

はじめに

「普通の釣りで釣れる」っていうのは釣りがうまい人。
でも、他のアングラーよりもポンと突き抜けた釣果を出したい僕は、
ルアーのパワーを借りたり、アプローチの妙であったり、
ストロングとされるポジションに自分を置くしかなかった。
王道で釣り勝てないときは、ちょっと転がす。
それが僕のストロング。
楽しくはあるけれど、意図してそうなりたかったわけじゃない
（僕はもともとフィネスアングラーなんです）。
そうならざるを得なかった、というのが偽りのない事実。
そこに至った僕の経験と過程をこの本で伝えられたらいいな、と思っています。

ストロングの極北へ!

バスの本能を味方につける
パワーゲーム論

僕たちには
ストロング★
しかない

写真／木村建太
編集・執筆協力・写真／望月俊典
デザイン／小根山孝一
イラスト／石川達也
表紙撮影／津留崎健

Contents

008 第1章
キムケンの
ストロングスタイルとは?
かわいそうなキムケン／とある、ストロングな1日

025 第2章
ブラックバスの習性を利用する
バスフィッシングとは、いったいどういうことなのか?
バスの視覚／カバー／エサ／濁り／シーズナルな話／バスの種類

045 第3章
実戦! トップウォーター
トップが最強の理由／フロッグ／虫／バズベイト
ノイジー／ブルシューター

059 第4章
カバーを撃つ
ジグ&テキサス系の使い分け／パンチング／ビフテキ
スイムジグ／日本式フットボールジグ／ベイトフィネス

073 巻いて、食わせる
第5章

クランクベイトの秘密／シャッド／バイブレーション
ジャークベイト／チャターベイト系／アラバマ系リグ
メタルバイブ／スピナーベイト／ビッグベイト

095 木村建太
第6章

木村建太自分史／琵琶湖ガイドという職業
ルアービルダー・木村建太／アメリカで、闘う

Column

024 木村の道具論
044 鳥
058 僕の好きな日本のフィールド
072 ルアーカラー
094 木村建太プロデュースルアー情報
112 タックルデータ

フロッグ、パンチング、マグナムクランク。カバーを絡めたパワフルな釣りを武器に、誰よりも豪快にバスをブチ抜き続け、人気アングラーの座を獲得した。しかし、一見わかりやすく、誰でも真似ができそうなものだが、現実はそう甘いものではないのもこの本を手にしているアングラーならばご存知だろう。ただ撃って巻いているわけではない。突き抜けた向こう側のストロングは、フィネスと隣り合わせの繊細な世界だった!?

キムケンの ストロング スタイルとは？

第1章

第1章 キムケンのストロングスタイルとは?

かわいそうな キムケン

ストロングにならずには いられなかった！

本気食い、フルパワーフッキング、マグナムクランク全開巻き……などなど、勇ましい言葉が頻出する木村建太のバスフィッシング。それがどうしてかわいそうなのか？　もともとフィネスアングラーだった彼がそこでの勝負を卒業し、ストロング側に突き抜けていったのにはワケがあった。

キムケン流ストロングは "振り子の両極"の釣り

　今でこそキムケン＝ストロングと思われていますが、僕はもともと日本のトーナメント（JB/NBC）に出ていたころはフィネス側の釣りをメインにやっていたんです。当時のトーナメントシーンはいまとくらべものにならないくらい人が多くて、釣りのスタイルもそれに合わせたものになっていました。まあ、それでもカバー撃ちもやるし、いろんな釣りも取り入れてはいたのですが、濁ってもフィネスをやっていたし、スピニングの方が圧倒的に多かった。しかし、「このままでは成長できないな」と、限界を感じて、ある時期から、釣りの振り幅をストロング方向へ振

るようになっていきましたね。なによりもそんな釣りが楽しい、というのは当然あるんですけどね。その当時は、琵琶湖でひとりで釣りをするときに、いかにしてガッツリと釣果を出すのか、っていうのを追いかけていました。他のガイドさんはエリアフィッシングをやってる人が多かったのですが、当時の僕はそれができなかった。それもあって、エリアフィッシングではなく、自分の腕ひとつで他人の獲れない魚を獲っていかなければならなかった。わりと自然で、ストロングじゃないと嫌だとか、ストロングじゃないと俺じゃない、みたいなこだわりは意外になかった。自然とストロングアングラーになっていったんです。
　僕がストロングといわれるのは、釣り方が派手に見えるからなんでしょうね。でも、僕が考えるストロングというのは、見た目の派手さではなくて……"振り子の原理"の話を先にする必要があります（イラスト参照）。ひとりのアングラーが出せる釣りの振り幅が、ベーシック、かつ狭い範囲でボコボコに釣れる人というのは釣りがうまい人です。ネコリグとかスモラバとかで勝負できる人はすごく釣りがうま

キムケン的ストロング解釈図

真ん中には多くの魚を反応させやすいボリュームゾーンがあり、バスにルアーを見せて食わせる釣り方がここにあたる。現在の日本的ベーシックであろうネコリグやスモラバなどが代表格。このゾーンでボコボコに釣る人というのはキャスト精度や誘いの技術が常人離れしていて、基本的に釣りが非常にうまい。そこで勝負せずに、あえてヘビーサイド、ライトサイドに大きく振ったのがストロングゾーン。ヘビーサイドに位置するのはクランクベイト、チャターベイト、ビッグベイトなど強アピール系。対して、ライトサイドに位置するのはトップ一般、フロッグ、虫、ノーシンカーピクピクなど、見せない系＆ウルトラフィネスだ

いと思います。ライトリグだけで勝負できる人もライトサイドで釣りがうまい人。逆のヘビーサイド、いわゆるストロングサイドは……実はかわいそうな人なんです。前述の通り、もともと僕はライトサイドにいました。この振り子の幅をヘビー方向に振らなアカンって思って、実際にそうしたら、僕がストロングといわれるようになったんですね。ヘビー方向に極端に振ることによって、真ん中のベーシックな釣りでは釣れない魚を釣ることができるようになったんです。ベーシックとは、一番釣れる魚が多い、ボリュームゾーンの釣り方。そこをあえて外して自分だけが出会える魚がいるんじゃないか、というあまり一般的ではない、ありえない試みなんです。

そして、ライトサイドにも実はストロングが存在します。それが虫、フロッグ、ノーシンカーの水面ピクピクといった釣り。ヘビーサイドはクランクベイト、チャターベイト、ビッグベイトなどがその代表格。ベーシックな釣りとはまた違う、ヘビーとライトの両極にある釣りが僕のストロング。あくまでも個人的な定義ですが、ベーシックから遠く離れたところの極みにあるのがキムケン流ストロングなのです。

豪快で派手な釣りに見えるが、あえてメインストリームの釣り方を避け、裏道を行くことで結果的に突き抜けることができる……こともある

自分に近いのは金森隆志さん、究極にど真ん中なのは川村光大郎さん

　釣り方をストロングに振るしかなかった僕からしたら、ベーシックな釣り方でたくさん釣ってくる人はすごいな、って素直に思います。普通のルアーを魚に見せて釣ってしまう人。それで釣り勝つのだから、それは釣りがうまいんです。でも、僕はその両極端を釣った方が話が早いと思ったので、そちらに振り幅を大きくシフトしました。

　この振り幅の話で、一番共通するのが金森隆志さんのスタイルですよね。有名アングラーのなかでは、ねらっているところが僕と一番近いと思っています。山田祐五さんはさらに振り幅が激しい。ジャイアントベイトの印象が強いですが、ライト系に大きく振ることもあります。究極は川村光大郎さんですね。ど真ん中のベーシックゾーンの釣りでいつもハメてきますから。中間のルアーで圧倒的に釣る、というのが実は一番すごい。僕には理解できない突き詰め方をしているはずです。ベーシックゾーンのルアーはいわゆる3〜5インチのワームとかスピナーベイトとかミノーとか、いわゆるどこにでも売っている「普通のルアー」です。最も消費量の多いルアーともいえます。そういう普通の釣りで釣れる人って上手やな、って思う反面、そこで自分が勝負しようっていうのはあまり興味がないというのが正直なところでもあります。もっと突き抜けたことができるんじゃないかな、ってエキサイティングしている部分もある。普通の釣りで普通に勝負して釣り勝ちたいっていう欲がそもそも僕にはないんです。そこに入って勝つ自信もないし、勝とうとも思わない。ストロングパワーを身につけた方がポンと突き抜けた釣果を出せるという経験をたくさんしてきたので、それに頼ってしまうというのはあります。逆に、普通の釣りももうちょっとしないとアカンな、というのが最近の課題ですね。

ヘビーサイド、ライトサイドの両輪があってこそ成立するストロング

　ストロングといっても、ヘビーサイドもフィネスサイドも両方をやらないとうまく活用ができません。ヘビー系だけではダメなときはダメ。いずれにしても、振り切ったところで生まれる結果がストロングなのかな、って考えないといけない。何度でも言いますが、ヘビーサイドだけがストロングっていうのは間違いです。弱すぎるから反対側に飛ばす、強すぎるからまた反対側に飛ばすんです。あと、フロッグがヘビーサイドにあると思っているようではダメですよ。これが一番言いたいことかもしれません（笑）。存在感の振り幅としてはあくまでも弱いサイドにあるルアーです。

　僕はみなさんが思っているほど、ストロングを目指しているわけではないんです。ど真ん中で勝負をするよりも端っこで飛び越える快感を知ってしまっているので。それは勇気のいることではあるのですが、出し抜いたときの気持ちよさは格別なものがあります。琵琶湖やアメリカ挑戦などを通して、それくらい極端に飛ばしていかないと獲れない魚がいるということに気がついたんです。JBのときはフィーディングバスをフィネスで釣ろうと意識していたんですが、そこに限界を感じて、ヘビーサイド、さらにライトなサイド、と自分にはない釣りを構築していきました。また、自分でルアーを作っていると、作りながらストロングポイントもウィークポイントも見えてくる。それが自然と自分の引き出しとして構築されて行きました。

　理想はすべての振り幅をマスターしたいと思いますけど、ケビン・ヴァンダムでもパーフェクトじゃない。僕の場合は、トーナメントのなかで使える、あくまでも現実的なストロングですよ。ちなみに、アメリカでは中南部はベーシック系の釣り方が多くて、ウエストコーストは極端な釣り方、ストロング系が多いです。これには釣り人の好みだけでなく、その場のバスの習性も関わってきます。

　ストロングの釣りは簡単なようで簡単ではないし、難しいようで難しくもない。いずれにしてもある程度繊細に考えていかないといけないのは間違いないです。適当にジャポーン！って投げて、ドーン！って食うっていうのは今どきあんまりないですから。

第1章　キムケンのストロングスタイルとは？

とある、

木村建太のストロングとはなんですか？
この本の重要なテーマについて、
著者と担当編集者で、禅問答のような、着地点のないやりとりが続いた。
「とりあえず、好きに釣りをさせてください」。
デッキに立つ彼の背中の向こうに見えてくるものが、
きっとそういうものなのだ。
2018年10月4日。滋賀県、琵琶湖にて。

ストロングな1日
A day in the strong

第1章　キムケンのストロングスタイルとは?

「トップでデカいのが釣れるのは偶然じゃない」

Top Water
トップウォーター

水面で堂々と存在をアピールするハードプラグ。真の姿を水面の照り返しに隠し、バスには謎の存在として半信半疑に認識させることができる。疑い深く、頭のいいバスを騙すパワーを生まれながらにして持っているルアージャンルだ。写真はリバー 2シー社のホッパープロッパー190。大きなヒレのような突起がついたボディ後端自体が回転し、ポコポコポコポコと水面を叩いて泳ぐ

遅く出た朝、木村建太は「トップ」という挑戦状を叩きつけた

　月刊誌の実釣取材というのは、決して自由ではない。特集のテーマがクランクベイトだとしたら、たとえ状況に全然マッチしていなくてもクランクベイトで釣らなければいけない。それが初級者向けのハウツー記事だとしたら、魚を釣ることよりも解説や動作の撮影の方が大事だったりもする。プロとはいえ、いやプロだからこそ自分のやりたい釣りが取材ではできないものだ。

　さて。この日はなんの縛りもなく、木村建太に馬なりの釣りをしてもらった。100尾釣ってもらってもいいしボウズでもいい。ビッグベイト1本でもフィネスオンリーでもいい。木村建太のストロングを（多分に気分次第で）、表現してもらおう。

　8時30分過ぎにマリーナから湖面へと出た。昨日の別記事取材の疲れもないことはなかったが、これが木村の朝の現実。モーニングフィッシュをがんばって獲りにいくことはあまりしない。ホテルの朝ごはんをしっかりと食べてからいざ行くのだ。まずは堅田南の松井造船所沖ヘレンジャーを浮かべた。

「トップでハメられそうな雰囲気なので、あえてクリアウォーターのところを選びました」

　南湖北部、名鉄北側のシャローでまずはエレキを降ろした。キャストするのはキュルキュルポコンポコンと大きな音を立てて泳ぐスピードノイジーだ。

「これはバス用ではなくマスキー釣り用なんです」

浮御堂南側。木村は朝のはじまりにホッパープロッパーを選んだ

水面スピードスター

「琵琶湖のデカい魚は頭がいいので、普通にワームを見せて食わせようとしてもなかなか難しい。とくに、この時期はバスの動体視力がさらに上がってくるので、見切るチャンスを与えないように水面を速いスピードで動き続けるルアーの方が騙すことができます。これがバスフィッシング、というものをお見せしますよ」

そう言って、西岸シャローの、もちろんデカバスが潜んでいるエリアをラン&ガニング。10時ちょうどごろに真野川河口にて、「あそこにカモがいるでしょう。カナダモが張り出している証拠です」。

ホッパープロッパーを遠投し、カモがいた隠れウィードエリアをスバババ！と引いてくる。その瞬間、黒い影が飛び出し、控えめな音でルアーを水面下に連行していった。1尾目から50cm。今の琵琶湖では自慢するほどのサイズではないが、目的はそこではない。このルアーの射程は3mほどあるようで、他のトップにくらべて一段下から浮かせることができる。アピール力＝ルアーの強さ、とするならば最高に強い部類。しかも、速く引いても動きが破綻しないのでスピードでも騙せる。まさに、キムケン流ストロングのお手本たる1尾だった。

第1章 キムケンのストロングスタイルとは?

Crank Bait
クランクベイト

木村建太のストロングスタイルにおいて、中層の主役がクランクベイト。使い方は、シャローでもディープでも一貫した全開速巻き。スピードマジックで素速いベイトフィッシュを追うバスを狂わせる。さらにウィードやボトムへ接触させてからの浮上アクションも強力なオプション。おそらく最も多くの種類を擁するルアージャンルであり、小刻みな潜行深度の違い、アクションのタイプの違いなど……そのアプローチは無限大である

トップから水深12mの世界へ

　西岸の真野川沖から東岸の野洲川沖へレンジャーでひとっ飛び。
「琵琶湖にスピード違反はないですからね。飛ばさなきゃ損です」
　木村建太にとっては野池のインレットから対岸のインレットまで移動するくらいの感覚かもしれない。エレキを降ろした場所は水深12m（ディープもやるのだ）。このあたりには捨て網があるそうな。しばらくフットボールヘッドでボトムを叩いていたのだが、反応がない。
「ボトムの釣りでアプローチしてるんですけど、なんか追いきれてないな、っていう感じがある。魚探にずっとバスに追われてるベイトの群れが映ってるんですよ。追われるとやっぱり下から持ち上げられる感じに映る。だから僕の釣りが外してるな」
　木村建太はマグナムディープクランク、10XDをボックスから取り出した。

上／水深12mに沈んだ船とそれにまとわりつくベイトの大群。魚探に映る群の形からバスにどう追われているか、というところまで解析する　下／12mを10XDでどう攻めるのか？　まずはニーリングでアプローチする

第1章　キムケンのストロングスタイルとは?

深海の浮上リアクション

　フルキャストからぐんぐん10XDを潜行させていくが……さすがに12mまでは達することができない。すると、着水後少し巻いてからエレキでドラッギング。

「ボトムに着きましたよ」

　立ち上がって、ぐりぐりと巻く。手前まで巻いてきて、10XDがボトムから離陸した瞬間、「ドス!」っとロッドに重みが乗った。

「おそらく追ってきて追ってきて追ってきて浮き上がった瞬間に『チャンス!』って食ったんだと思います。ボトムでゴリ

ゴリしてるうちはバスには明確に見えてなくて、なんとなく砂煙の存在感でしかとらえられてなかったはず。バイトした瞬間はある意味浮上リアクションですね。クランクはこれができる。しかもすべてをハイスピードで表現できる数少ないルアーなんです」

Frog
フロッグ

木村建太が最終奥義と言い切る、水面カバー攻略特化型ルアー。ライギョ釣りの影響が強かったころはロッドを立てて水面をチョコチョコと滑らせるような使い方が主流だったが、木村は違った。ロッドを下げて、水面をバシバシと叩くような強めの連続アクションでカバー下のバスにアピールさせる。それでいてカバーに隠したままルアーは見せないので、バスにかかるプレッシャーは少なく、見切られることもない。さらに、水面というバスにとっては圧倒的に獲物を追い込みやすいレンジ……。これで、釣れないわけがない

木村建太からの返信

　午後になると、北湖東岸のラフォーレ沖へ。
「水中の張り出しをやります。濁ると魚が回ってくることがある。ここのバスは頭がいいので、トップじゃないと難しいかも」
　と、ホッパープロッパーの速巻き。するとウィードエリアで何度かボイルを確認した直後、スライドスイマー250をフルキャスト。
「これなら食わせられそうやなー。ただ水面を動いてるだけじゃなくて、水面に跳ね上げていくような動きじゃないと食わないかもな」
　反応はない。そこから鮎屋北側、水門沖のウィードエッジをマグナムクランクベイトで流す。
「濁りエフェクト＋ビッグベイトパワー＝ビッグバス、です」
　それからは南湖へ下り、アクティバ沖、KKR沖などで、残存エビモなどをねらうホッパープロッパーな展開。そして、浮御堂のちょい沖、岬状にウィードが張り出したあたり。ここで最終奥義の封印が解かれた。未発売のフロッグ、グランドバスタークだ。
「今はベタ凪で、魚が浮いてるのも見たらわかる状況です。でもこの名鉄のあたりって、濁りでも入ってなければ普通にやっても釣れないエリアなんですよ。それでも可能性がある手段がふたつあって、ひとつはビッグベイト。もうひとつがトップウォーターです。そのなかでもフロッグはカバーに隠すことができる完全に視覚カットの釣りなので、頭のいいでかいバスも浮かせることができるんです」
　ポコン…ポコン…ポコン、とポッパー型フロッグが一定のリズムを刻みながら、ボートは岸へと進む。アシ原から沖へと張り出したエビモパッチの先端へ2〜3回グランドバスタークを通す。
　突然、巨大な穴に、フロッグが吸い込まれるのがハッキリと見えた。
「よっしゃ！　食いよった！」

ウィードごとデッキに抜き上げられた見事な琵琶湖バス、55㎝。
「やっぱりフロッグでした。釣れるバスがひと回りデカいでしょ？　細長いベイトを食ってるエリアではホッパープロッパーやバズベイトがセオリーの時期ですが、ギル食いバスのエリアではフロッグです。カバーの濃い一等地にルアーを隠して焦らしてたら、もう我慢できなくなって……『ガバッ！』っていっちゃいましたね」
　マスキー用のトップベイト、マグナムクランクベイト、そしてフロッグ。たかだか3尾。もう少し数を釣ろうと思うなら、違う釣り方もあっただろう。しかし、秋の1日において、「キムケンのストロングとはなんですか？」という問いに対するひとつの回答である。以上をもって、この本のごあいさつと代えさせていただこうか。

「おそらく、今日の釣りがキムケンのストロングです」

K² column 01
Kenta Kimura

バスフィッシングツールはいかにあるべきか?
木村の道具論

最も重要なバス釣り道具とは……?

僕にとって、釣り道具は仕事道具。タックルに求める性能というのは、釣れる、壊れない、以上です。僕らはメーカーさんに道具を提供していただいているので日本ではぶっちゃけあまり心配はないのですが、海外、とくにアメリカのツアー中にブッ壊れて1タックルをロストするのはとても痛いんです。頼むから壊れんといって……っていう気持ちが僕の道具選びにも反映されています。強くあるべきモノが弱かったら仕事にならないんです。僕にとって釣り道具はサラリーマンのパソコンくらい大事なモノですから、仕事中に壊れてしまっては話になりません。ましてや僕も決して道具の扱いがていねいなわけではないので……。壊れない、曲がらない、切れない、それが道具に求めるすべてです。ミステイクを犯すべきじゃないときに道具のせいでミスをするのはアホらしいじゃないですか。ロッドは折れない、フックは刺さって曲がらない、ラインは切れない。ぶっちゃけ優先順位としてはルアーが最後になります。一番はロッド、リール、ライン、フック。究極論ですが、これは全部壊れたらいけません。

もちろん、ルアーも大事ですよ。いいルアーじゃないといけないんですけども、ルアーをデザインしている僕からしても、ルアーは所詮、「具」なんです。効率を上げられて、食わせるポイントを押さえた具であればいい。たくさん傷が入っていても、目が剥がれていても、性能さえ発揮されていればOKです。

ボートも大事なのは壊れないこと。これが壊れたら話にならないので、最もマストかもしれない。しかも、高単価ですからね。過去に壊れる道具を選んだ経験者からすると、安くてもハズレを引くと余計に金がかかります。ハルが強くてエンジンの耐久時間が長いかどうかを僕は重視しますね。とにかく、釣り以外で余計な心配を減らすことができれば釣りに集中できます。

でも、エレキに関してだけはウルトレックスの性能は手放せないものがあります。もし壊れやすいとしても、それ以前に他では替えの効かない性能を持っていますから。これがあれば釣りの幅が広がってしまう、という次元なのです。

釣り雑誌などではあまり言及されることはないが、最も壊れてはいけない重要な道具はボート。これがイカれてしまったらまったくなにもできなくなってしまう

第2章

ブラックバスの習性を利用する

木村建太のバスフィッシングは、ブラックバスを正しく理解しようという姿勢から始まる。彼らはいつ、どこで、なにをしているのか。どうやって獲物を見つけ、捕らえるのか。僕らが釣りたいブラックバスのことを知っていなければ、ただ闇雲な場所に思い込みのルアーを投げ続けるだけの遊びになってしまう。バスの習性を利用してルアーにヒットさせる。キムケン流ストロング道への基礎体力作り、それはバスを知ることだ。

第2章 ブラックバスの習性を利用する

バスフィッシングとは、いったいどういうことなのか？

What's bass fishing?

バスフィッシングというのは、ルアーなる、よくみれば本物のエサとは似ても似つかないオモチャをバスに食わせる遊びだ。限りなく本物のエサに近づける努力をしたルアーほど釣れる……とは限らないからおもしろい。バスの本能を刺激しさえすればまんまとだますことができるはずだ

なぜバスはプラスチックの塊を食ってしまうのか？

　僕らが大好きで、釣りたくてしかたがないブラックバス。残念ながら彼らは人間のことが大嫌いなんです。でも、エサを食うのは大好き。そこがブラックバスの行動原理の根本であり、変えようのない性質です。

　そして、バスフィッシングとは、バスが大嫌いな人間が投げる偽物のエサを食わせてしまうという……ありえないことをやる遊びなんです。あなたのお気に入りなクランクベイトを見てください。どう見てもただのプラスチックでしょう？　これに食いつかせるというのは、人間にしたら全然リアルじゃないマネキン人形に、間違って猛烈なハグをさせるようなものなんです。「そんなヤツ絶対おらんやろ？」

……っていう奇跡を現実に起こしていく、それがルアーフィッシングなんです。

　ただし、バスに間違いを起こさせるためには、ルアーをどんどんリアルにすればいいというわけじゃない。ザリガニの型をとったような、本物そっくりなルアーが過去にもたくさんあったけど、それがすごく釣れたか？というと……決してそういうわけでもない。

　辛抱たまらず、「これはもう行っとかなアカンわ！」となってバイトが発生する。本当にハマったときというのは、もうルアーを飲んでしまうくらい狂っています。そうして釣られたバスって、きっと水の中の社会ではそうとうバカにされてるはずです。人間

　だったら「お前、マネキン抱きよったな!」と3年間言われ続けるくらい。
　大嫌いな人間が投げているルアーを食ってしまうというのは、かなり痛いところ、バスの本質的な弱点を突かれているはずです。また、デカい魚ほど頭がいいので、考えさせるのではなく、弱点を突いていかなければいけない。
　たとえばネコリグやノーシンカーで40cmアップがたくさん釣れているときに、同行者がバズジェットを投げて50cmアップをあっさり釣られてしまうことがある。そういうシーンを故意に起こしていくことこそ、いい魚を釣るための近道だと思っているし、僕のストロングスタイルなんです。

第2章　ブラックバスの習性を利用する

Sight バスの視覚

バスの目から世界はどう見えているのだろうか。あれだけ高速で動くルアーを的確に捕まえるのだからそれ相応の視力が備わっているのは間違いない。バスに聞かなきゃわからない……というのが動かし難い真相ではあるものの、数多のシーンを目撃してきた木村建太の見解である

バスの視覚は、人間の目では理解できない

　ブラックバスの視界を理解するというのは、僕のストロングゲームで絶対に外せないことです。これを知らずしては、釣りが成り立たない。大げさでなく、ここを理解せずには先のページには進めません。

　基本的にバスは雑食性なんです。海なら魚しか食べない魚はたくさんいますが、バスは魚も食べればザリガニもカエルも虫も食べる。その時と場所に応じていろいろなエサに対応しないと生き残れない。いろいろな状況に対応できる、ある程度広い視野の目を持っています。たとえば、シーバスは同じスズキ目の似たような魚なのに、目が上についているんですよ。ブラックバスはむしろロックフィッシュに近いです。ややサイドに目がついている。シーバスは上側の視力が高く、バスは下側も見られるようにできています。ライギョなんかは極端に上側の視覚感度が高い。フロッグで水面を叩かなくても、ツツツーっと滑らせるだけで見つけてくれますから。

　人間には首があって、それを動かすことである程度視界をコントロールできますが、魚類にはそれができない。平行姿勢で泳ぎながら上を見渡すのはバスには難しいんです。上のエサを探してるバスって水面すれすれを泳いでいるでしょう？　エビを探しているときは下を向いて斜めに泳いでる。バスは上も下も見る能力がそれほど高くないので、エサの位置に応じて姿勢を変えながら泳いでいます。水面のエサに対しても、上に向かって姿勢を変えてから襲います。

　たまに池原とかで釣れるバカでっかいバスは目玉が飛び出してることがあるでしょう？　あれは、魚を追いかけるため、自然に発達してしまったんじゃないかな。上を見てるうちに目の可動域が広がって。あれは特例中の特例ですけど、ああいう魚を騙すのは難しいです。池原でサイトをしていると、「あ、こいつ真下から俺を見てやがる……」っていうヤツがいます。サイトをやっているとバスの視界の限界がよくわかりますよ。なお、真後ろは見えてないです。

　バスの目の見え方というのは、ピントの深度は浅く、視野角は広い、というのが僕の解釈。人間が理解できる世界ではないんだな、という感覚が僕のなかに染みついています。バスは捕食する瞬間に、ルアーを正面に持ってくる。見切られてしまうのは、視界の一番中心に入って、「これはないやろ」と冷静に判断されてしまうときです。その中心から外して弱点の位置でルアーを動かすか、逆に視野のど真ん中に見切られにくいものを入れて勝負するか。あるいは、スピードでごまかすか、濁りを利用するか……バスの目をあざむく方法はたくさんありますよ。

正面から見たバス。目は顔の上の方についているが、角度はほぼ真横を向いている。同じスズキ目のシーバスはさらにやや上に目がついていて、ライギョは角度が斜め上を向いている。目の位置から、バスは下よりも上を見るのが得意そうではあるが、それに特化した構造というわけでもない

第2章 ブラックバスの習性を利用する

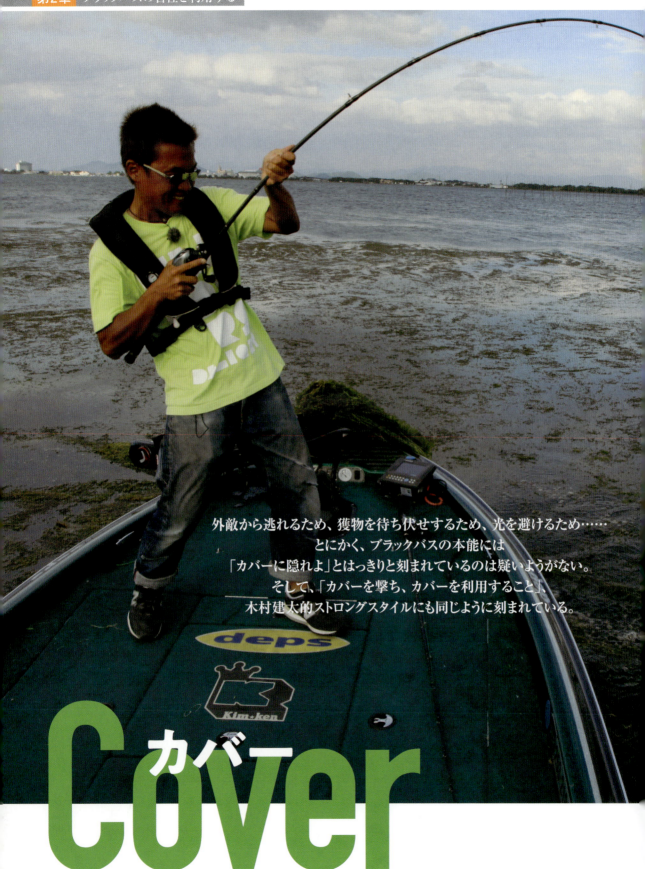

外敵から逃れるため、獲物を待ち伏せするため、光を避けるため……
とにかく、ブラックバスの本能には
「カバーに隠れよ」とはっきりと刻まれているのは疑いようがない。
そして、「カバーを撃ち、カバーを利用すること」、
木村建太的ストロングスタイルにも同じように刻まれている。

Cover
カバー

カバー依存症なバスとキムケン

　ブラックバスというのは、基本、カバーにつきたがる魚です。それは間違いない。そして、カバーがある以上、それを利用するのがキムケンの基本。ストロングスタイルに欠かすことのできない絶対的な要素です。カバーにエサを追い込む、というのはバスにとっても狩りの成功率が圧倒的に高くなる。バスも興奮して油断しているので、ルアーを食わせやすいです。川なら流れの当たるブッシュ、天然湖ならウイード、リザーバーならゴミだまりとか……それぞれ濃ければ濃いほどいい。

　まず、カバーというのはあくまでも、「覆いかぶさっているもの」と考えます。僕の基本的な比例式としては、シェード率が高ければ高いほどその下に隠れているバスの安心度は高くなる。最強なのはレンタルボート屋さんの鉄桟橋とかですね。人間がどうやっても手を出せないサンクチュアリというのはとても安全性が高いので、デカいバスがいます。バスは下からの攻撃よりも上からの攻撃を避けられることを重視するので、ミサゴなどの鳥、あとは人間による攻撃をもっとも恐れているんですよ。カバーの中にいるバスは、外敵の攻撃から逃れて、人間ならば家の中にいるのと同じ。自宅のテーブルの上にふと札束が置いてあっても、「ここやったら大丈夫やろ？」って、とりあえず触って確かめてみちゃう。道端にポンと置いてあったら警戒しますけど、自分の家の中なら手が出てしまう。それに近い心理状態がカバーの中の魚に起きているのだと思います。

懐かしい夏の日、琵琶湖南湖の分厚いカナダモマットエリアにて。この日は湖流が弱く、シェードの濃い分厚いカバーへとバスは集結していた。そんなときはフロッグよりもパンチングが有利だ

カナダモマット

水面まで繁茂した琵琶湖のカナダモ。鳥や人間から姿を隠すことができるだけでなく、水通しのいい日陰にもなるので、夏場のマット下は魚たちの居心地のいい住処となる。微生物、エビ、小魚などもたくさん集まり、ちょっとしたカナダモ生態系を形成する

第2章 ブラックバスの習性を利用する

Cover カバー

パンチングでキャッチした、58cmの夏バス。湖流が出てバスがやや薄いマットまで散り出したらフロッグでもナイスサイズをねらって獲れるようになる。パンチとフロッグはヘビーカバー攻略の両輪と考えよう

カバー攻略の双璧

　もし、鉄の桟橋の下にルアーを送り込めたら？　食わせる力は相当あると思う。あり得ないところからルアーが落ちてきたらね。それを可能な限り、アングラーに表現できる方法がカナダモなどのマットを利用したパンチングです。僕はこれがカバーゲームのフラッグシップだと思っている。パンチングは他のリグでは攻略不可能なヘビーカバーを、その一番濃いところに入れて食わせる釣り。カバーのいいところを2オンスでも貫通させればキン消し（※'80年代に流行した『キン肉マン』の超人型消しゴム）でも食わせられる自信がある。当然下にいるバスは大胆。ヒシとかだともう一段バスの警戒心は上がる。ヒシは光が届くんで、カバーの下としてはまだ薄いんです。僕の知る限り、密度の濃いカナダモマットが一番光を通さない。カバーの下というのはこちらが意図せずとも勝手に魚の警戒心が下がっているので大きなチャンスです。

　また、僕は今でもフロッグをカバーの最終奥義と呼んでます。なぜかというと、まずカバーが使えるんです。引っ掛けたり吊るしたり。もうひとつはカバーに隠せるんですよ。ルアーを存在感だけで表現できる。パンチングは水の中に入っちゃうんで、視覚で見切られることがある反面、食うときは一撃。食うヤツは食ってまう。一発勝負に近いんです。でも、パンチングではサイズを選ぶことができない。フロッグの方が釣れたらデカいんですよ。カバーの隙間からシルエットだけ見せるから見切られにくいのが理由。カバーの下でルアーを見切らせてしまうのはある意味リスクがある。上から抜いていく方がデカいバスには有利です。だから、パンチを撃ったあとにフロッグを投げるのはダメ。もう見切られてるからね。その反面、フロッグは気づかせるのに時間がかかるんです。でも、ノーシンカーリグを見切るようなハイプレッシャーレイクでもフロッグならデカいバスを食わせてしまうことがある。僕の中では究極のフィネスだと思っています。

竹1本でもカバーになる

水中のカバーも基本的にはマットカバーと同じです。シェードの比率の話で、水中でもシェードがあればいい。なので、カナダモドームの中もかなり食わせやすい空間。リザーバーなら、水中の立木もそれに近い状態です。竹1本だとそれなりに難しくなる。それでもカバーといえばカバー。目だけを太陽から隠せれば、バスは隠れられていると思ってる。見てると頭だけ隠してるバスがよくいるでしょ？　こっちからは全然見えてるんだけど、魚はなぜか安心してる。竹1本のシェードに目を隠しているだけなのに。ちなみに、リザーバーなんかで桟橋についているのはバカでかくて、ロープについてるのは40㎝ちょいちょいということがよくある。あれは追い出されているんですよ。基本的にデカバスほど安全なカバーにいたがるものなんです。

目が赤いバスは怒ってる？

目が赤いバスは、怒ってるっていう人がいるけど……違います。あれは日焼けなんです。クリアウォーターに限定していうと、目が焼けてない魚はカバーにつきたい個体。焼けて赤くなっているのはベイトフィッシュを追い回している個体。でも、濁った場合はこの限りではないです。やはり濁ると魚が大胆に動く傾向がある。水自体がカバーになってる状態なんです。数日経つと、魚の色が真っ白になって大胆になる。そうなると強いルアーが生きてきます。

水面まで、あるいは水面近くまでウィードが張り出しているが、隙間があり、水通しがいい。フロッグ向きといえる。ブルーギルなどのベイトが見えるようならなおよし

すき間なくびっしりとウィードが生えていて、さらにトロロ化していたら、フロッグにバイトさせフッキングに至らせるのは簡単ではない。こうなったらパンチ向きだ

バスの目の色や体色でわかることもある

目の赤いバス

黒いバス　　白いバス

第2章　ブラックバスの習性を利用する

コアユ。琵琶湖を代表する淡水魚であり、バスにとっても重要な存在。身体が半透明な幼魚時代は氷魚（ヒウオ）と呼ばれる。秋口に台風が上陸すると、コアユの群は接岸を始め、河川で産卵する。その群はアユボールと呼ばれ、釣り人からもはっきりと目視できる

バスを支配する存在

Baits
エサ

ブラックバスの行動原理のなかでも、一年を通して常に強い影響力を持ち続けるのが捕食欲求だろう。バスはエサを食うために生きている。彼らが現れる場所、釣れる場所はエサのいる場所だ。つまり、エサを知らずしてバスを知ることはできない

そのとき、「バスが何を食べているか」は常に意識すべき

「視覚」のページでも述べましたが、ブラックバスというのは状況に応じて、臨機応変になんでも食べる魚なんです。基本的に、口に入るサイズのエサならほぼすべてといっていいくらい食生活は多様です。池で釣りをしていると、落ちてくる虫を食ったり、飛んでるトンボをねらったり、カメを食ってることもある。その場で捕食できるベイトを食う魚。ただ、そのエリアで一番多いエサ、おいしいエサをねらう傾向もあります。

いずれにしても、僕のバスフィッシングはエサありき。その場、その時で食べてるエサを理解できていないとアプローチがブレてしまうんです。虫を食ってるバスに小魚っぽいルアーを食わそうとしてもダメ。よほど飢えていればどっちも食うこともありますが……その時の魚の食性に合わせてアプローチすると、あっさりルアーを食うものです。バスがなにを食っているか、ということは常に意識して釣りをしています。

琵琶湖、とくに北湖のバスの体型をみると、一年中、横に泳ぐ魚を食っていると僕は考えています。よく、冬場はオフシーズン、と考えている人がいますけど、水中にオフシーズンなんてないんでね。バスは年中無休。冬場は代謝が下がって消費カロリーも落ちるけど、エサは食ってます。食ってないとあそこまでプロポーションを維持できないはずです。

アメリカ中南部だとシャッドがバスの食性の中心です。数が多く、湖によってはブルーギルだったりゴビー（ハゼ系の魚）だったりしますが、いずれにしてもエサありき。あと、変な動きをするヤツは食われやすいですね。

2月にジャークベイトで釣れた。太くて筋肉質なベストコンディション個体だ。どう見ても越冬モードなどではなく、活発に小魚を追っているようすがうかがい知れる

バスはかわいそうな捕食者

　琵琶湖に限らず、アユ、ハス、オイカワ、ワカサギなど細長い系のベイトフィッシュはバスにとって重要な捕食対象なんですが、基本的にバスより泳ぐスピードが速いので、普通に追いかけたのでは捕まえることができません。バスは食いたくて仕方がないのですが、動きが遅いのでほとんど捕まえられない。バスって実はかわいそうな魚なんです。

　水がクリアになればなるほど、たとえばハスには追いつけません。濁りが入れば少しは追いつきやすくなるせいか、台風後など、濁ったときにハスパターンが爆発することがあります。ベイトフィッシュに気づかれずに一気に距離を詰めることができるんです。バスは基本的にベイトフィッシュにまっすぐ追いつくのは無理なんですよ。国道を走っている原チャリのおばちゃんに追いつけないのと同じ。原チャリおばちゃんにタッチできる方法は、たとえば、狭い路地とかに入ろうとして減速した瞬間。そこをねらう。あるいは、夜などに物陰に隠れておばちゃんが近づいてくるのを待ち伏せしてねらう。狭い路地は「カバー」、夜の闇は「濁り」。カバーに待ち伏せやドチャ濁りならたまに捕食に成功するけど、そうでなければほぼ食えてません。あとはエサを水面に追い込んだときなど。そういう状況でなければバスはエサにありつくことはできません。

　そうやって、そのとき食べているベイトの動きによってバスは自分の居場所や行動を決めている、逆にいえば、ベイトに支配されているんです。

琵琶湖のバスが食っているであろうハスとほぼ同じサイズのサカマタシャッド8in。ベイトの形状だけでなく、コアユを襲う動きまでイミテートしたルアー

ハス。コイ科では珍しい、完全な魚食魚。回遊性が高く、その遊泳スピードはとても速い。琵琶湖ではコアユの群れなどを襲うのだが、その瞬間に生じる一瞬の隙をデカバスにねらわれている

シャッド。ニシンの仲間の淡水魚。アメリカ中南部では最もポピュラーなベイトフィッシュで、これを模したルアーカラーも定番化している。数種類いるようで、写真は「ギザードシャッド」である

ギル食い、エビ・ザリ食いバスは簡単に釣れる

バスフィッシング的に優秀なエサだな、と思うのは、ブルーギル、ゴリ系、エビやザリガニなどの甲殻類。こういったエサに反応するバスは釣りやすいです。ギル食いバスには浮かせて誘う、甲殻類食いバスは沈めて引きずる。その動きの表現がしやすいんです。

ブルーギルは、水面でハッチする虫を夢中で食ってるときなんかはバスからもねらいやすい。穏やかな水面にギルがパクパクしているのが見えたら、そのギルをねらっているバスが下にいると考えてアプローチします。上を向かせることができるので、横の動きのベイトフィッシュよりも、ブルーギルを食ってるバスはだいぶ釣りやすいように感じますね。トップウォーター、マグナムクランクの浮上アクション、あるいはハイフロートのブルシューターを一度見せてから水面で食わせるなど……僕の得意とするギルアプローチです。

とても優秀なベイトたち

エビ・ザリ系
動きがそれほど速くないのでバスにとっては捕食しやすい存在。浅い場所のボトムにいることが多いので、キャストさえ決まれば、フォール、ズル引きなど彼らの動きを表現するのは比較的簡単

ブルーギル
細長い系のベイトフィッシュに比べると泳ぐスピードは遅い。ギルは虫など水面近くのエサを捕食することが多く、バスにとっては捕食するチャンスが多々あり。ギルネストなど独特のパターンも存在する

ハゼ・ゴリ系
これもルアーで表現しやすいゆっくり系のベイトフィッシュ。素速いベイトとは違ってドヨーンとした生き物なので、ボトムズルズル系の動きで比較的バスを騙しやすい。釣り人にとって好都合なエサ

ギルが浮いたらチャンス。トップウォーターや水面浮上系アクションなど、バスに見切られにくいアプローチが効き始める。また、ギルをねらい食いしているバスはその湖のアベレージサイズを大きく上回ることが多いのだ

ギル系ルアー・ブルシューターを襲ったギル食いバス。ハイフロートモデルを水中に一旦沈めて、その後の浮上で食わせる。リアルなルックスも見切られなさに貢献している?

「釣りやすさというのは、そのとき食ってるベイトの動きをルアーで表現しやすい、しにくい、その差だと思います」

エビ・ザリ系は、比較的スローに生きている生物なので、バスが彼らをねらってるタイミングであればわりと食わせやすいです。バスが甲殻類を食いたがってるときはボトムを意識しているので、ラバージグなどをボトムに這わせる動きが重要になってきます。とくに3～4月はボトムを意識しているバスが多く、ルアーを引きずるだけでも釣れるので簡単です。あとハイシーズンといわれてる時期もバスは甲殻類を食ってることが多く、だからこそ簡単に釣れているともいえます。釣り人の皆さんはフォールやボトムでちょこちょこさせる動きは得意だけど、横の動きは苦手な人が多いです。それゆえ、ハイシーズンはフォールで食わせる、と誤解しがち。ベイトの動きを理解して、それをちゃんとルアーで表現できていればオフシーズンでも釣れるんです。なんせバスは冬場でもエサを食ってますから。

エビ・ザリ系のイミテーション例

ザリガニ

ラバージグ+クローワーム

ザリガニならラバージグ。早春など、ザリガニがたくさん出てくる時期は浅いエリアで爆発的に釣れることがある。濁ったエリアで使うことが多く、釣り人が表現しやすいスローな動きを見切らずに食ってくれる

小魚のイミテーション例

アユ　　**ジャークベイト**

横に泳ぐ小魚を表現する一例はジャークベイト。いかにも小魚ライクな細長いシルエットで釣れそうだが、クリアウォーターでは見切られることも。速巻きやジャークなど、スピードで見切らせない意識が必要

037

第2章 ブラックバスの習性を利用する

濁り
muddness

濁り。バスの姿を確認しながら釣るのが好きな向きにはあまり好まれないが、パワー系シャローマンなら好意的に捉えるべきケースが多い。とはいえ、濁っていればよい、というわけでもなさそうだ。なぜ濁ったのか、どこが濁っているのか……など、濁りの質を理解しながら味方につけていこう

最高の濁り、最悪の濁り

　バスはカバーにつきたがる魚で、カバーがある以上それを利用するのが基本……と書きましたが、さっそくその前提を覆すのが濁りです。濁りが濃ければ濃いほどカバーを必要としなくなる。濁りが発生することによってバスと人との距離を近づけることができて、バスとルアーの距離は近づけなくてはいけなくなります。

　濁りにもいろいろあります。たとえば春先の温かい雨で急に濁りが入ると、表層が濁ってナチュラルなカバーが生まれます。これは最高のコンディション。巻きモノでハメたいときは「よっしゃラッキー！」とガッツポーズです。バスの視界が狭くなって釣りやすくなります。満遍なく濁っているときもストライクゾーンが狭まるので、濁りがカバーとして機能して、ルアーを食わせやすくなってきます。反面、冷たい雨が降って下の方だけ濁っていて上がクリアなのは最悪です。

　一番好きなのは、春の、雨が降っていないのに濁りが入った状態。太陽光でボトムが温められてバクテリアが発生していたり、コイなどがボトムをほじくって泥が巻き上がった濁りなどですね。夏の高水温期の大雨や台風による濁りも、バスが酸欠から解放されるなど、いい方向に機能してくれることが多いです。

4月の琵琶湖。春の大雨で流入河川から濁流が広がった。まだ濁りが薄いエリアのハードボトムや濁り切ったシャローのアシで、ザリガニをイメージしたラバージグが爆発的釣果をもたらしてくれた

濁りとバスの食事タイムの関係

　クリア～ステインレイクの釣果をみると、バスの捕食活性は夕方になるにしたがって上がっていき、夜はもっと釣りやすくなります。細長い系のベイトフィッシュを食ってる場合はとくに顕著です。さらに、クリアレイクの満月の夜なんかは、ベイトのシルエットが浮かび上がっちゃうので、夜間の捕食率がすごく上がってしまいます。前夜のコンディションが悪かったときは日中に食ったりもしますけどね。逆に、濁っていると、夜にはあまり食わない傾向があります。日中の釣りに有利に働くケースが多々ありますね。しかし、バスが食ってるベイトの種類によって異なるので、そこは一概にはいえない部分もあります。

　なお、トップウォーターでは、濁りがむしろ悪く働くことが多々あります。もともと水面ばかりに意識が向いている水域だとよくなることもありますが、そうでない場合は濁りすぎるとトップが機能しなくなる場面が多いです。河川などは、濁りがとれた瞬間のトップ、濁りが入った瞬間のクランクがよく効きました。小規模な水域であるほどその一瞬一瞬の移り変わりを捉えていかなければいけません。

クリアレイク

マッディレイク

|||||| = バスがエサを追う時間帯

クリアなほど夜間に捕食し、濁るほどその傾向が弱くなる。とくに群れで泳ぐ細長い系の小魚を追っているときは夜に偏食しがち。満月ならばとくにその傾向が強まる。ザリガニなどを食っているバスは、濁りに乗じて日中でも活発に捕食活動を行なっている

濁りと従来の水色の境界線。ベイトがこのラインに沿って回遊することがあるので、ボートを流すコースの目安にすることもある

濁りに強いルアー

クランクベイト

ブリブリと強く水を押すアクションのせいか、濁り、とくに濁った瞬間に爆発的に釣れることがある。カラーはチャート系が安定だが、春の濁りには赤が効くという話は有名

チャーターベイト系

昨今、濁り対策ルアーの筆頭格になりつつあるのがチャター系。フラッシングだけでなく騒がしい金属音で濁りのなかでも存在感をアピールできる。カラーは白か黒系がおすすめ

この日は濁りのなかで20尾ほどキャッチ。ラストに釣れたこのバスは濁りのせいか、すっかり体色が白くなっていた

第2章 ブラックバスの習性を利用する

シーズナルな話
seasonal story

バスフィッシングは季節の移り変わりを追っていく遊びである。時期によって居場所も食性も移り変わり、釣るべき場所もルアーも的確に合わせていなくてはならない。はっきりとした四季のある日本で、バスとの追いかけっこを楽しもう

ブラックバスは一年中エサを追っている

　僕は一年を通して、バスの食性を一番重要視しています。一般的によくいわれるハイシーズン、オフシーズンというのはあまり気にしていなくて、大事なのはバスがそのとき食っているエサ。冬でもエサを食っているからこそあのコンディションのバスが釣れるんです。

　それはスポーニングシーズンでも同じ。よくスポーニングを控えたバスはエサを食わなくなるとかいいますが、バンバン食ってますよ。

　年間を通しての食性の変化を具体的に語ると……水温12〜14℃くらいのタイミングに食性の切り替わりが起こりやすいです。一年のうちで、春から夏にかけては甲殻類、ブルーギル、虫をメインに食っている個体が多いです。秋から初春までの間は魚食性になります。さまざまなタイプのベイトがいる水域ではそんな風に食性が変化していきます。春から秋口が一般的にハイシーズンと呼ばれる時期と一致するのは、甲殻類を食ってるバスはルアーを食わせやすいのが理由です。逆に、魚食の時期はルアーを食わせるのは難しいといえます。

　スポーニングシーズンはバスにとって一年で最大のイベントです。その最中は、とくに琵琶湖ではむしろ食性でねらうようにしています。デカイメスを釣りたいんですが、メスバスってすごく卑怯な生き

スポーニング期にあたる5月中旬の釣果。この時期はジグストがめっぽう効く。狭いテリトリーの周りだけでじっくりアピールできるのだ。また、濁りが入ればクランクベイトでも食う。ポッパーなど水面で止めておけるルアーも実に有効

一年間の食性の移り変わりと釣り難易度

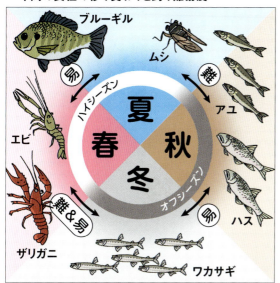

春から夏にかけてバスは甲殻類、ブルーギル、虫を追っている個体が多い。いわゆるハイシーズンと呼ばれているのはこの時期で、とくに春から夏に変わるタイミングは難易度が低い。ギルはアフターのバスが好んで食う。夏から秋本番へと移り変わる時期は魚食性へと変化する。基本的にルアーで釣りにくい。夏から秋への変わり目はバスが散る傾向があるので一番難しい。秋から冬への変わり目などメタルバイブが効くタイミングは意外と簡単。冬から春に変わる時期はバスの動きを掴んでいれば爆発的に釣れることもあり、難しさと易しさが同居している

物で、「こいつヤバいんちゃうん？」っていうヤツがテリトリーに入ってくるとオスに行かせるんです。でも、おいしそうなヤツが入ってきたら先にメスが行きます。スポーニングエリアに入りたての段階はまだ腹一杯なんですが、体が色づいてくるころのメスはかなり腹が減っています。なので、僕はそれを食性でねらう。そのタイミングはバスのテリトリーが決まっていて、その中で捕食を完了させないといけないので、たとえばポッパーなど、止めておけるルアーを使います。魚が多いときはスイムベイトやビッグベイトも反応を得やすいです。ギルを食ってるなら、ブルシューターを浮かせておけば食性で口を使いますよ。ネストにいる状態とはいえ、エサを追っているブラックバスであるという本質に変わりはないんです。

左）一般的に難しいとされる晩秋、爆発的に釣れることがあるメタルバイブ。右）夏の定番、ロングストレートワーム。なぜだかよく釣れる

3月下旬。濁りの差したシャローのリップラップやリーズエリアでは赤いクランクベイトが定番。ザリガニ食いへと移行するバスに照準を合わせた釣り方だ

6月中旬、アフタースポーンのころはギル食いモード。ウィードのインサイドエッジでギルの群れを見つけたらブルシューターを投入。潜らせてから浮かせるタイミングで食わせる

魚食性の強まった、秋本番の11月。クランクベイトの速巻きやアラバマ系が効いた。セレクティブな回遊系バスを騙すためにレンジとスピードのコントロールが必要になる

氷魚（コアユの稚魚）がたまるエリアでのジャークベイトが効く季節。残ったエビモにたまにルアーが当たるようにジャーク＆ポーズを繰り返しているとコンディションのいいバスが食ってくる

第2章 ブラックバスの習性を利用する

バスの習性を語る上で、忘れちゃならない基礎知識。日本には「バス」が約3種類存在し、それぞれ性質が異なる。ノーザンラージマウスバスとフロリダラージマウスバスは、見た目はよく似ているが性質も近い。スモールマウスバスは見た目も性質もかなり異なる。当然、ねらい方も変わってくる

バスにもいろいろいる

バスの種類
Type of spicies

ノーザンラージマウスバス

日本でも最もポピュラーなのがノーザンラージマウスバス。故郷のアメリカでも生息域が広く環境適応力の高さが伺える。群れで狩りをしたり、単独でカバーに潜んでいたり、状況や個体差によってさまざまな顔を見せてくれる。好奇心が高く、陽気な性格を感じさせる。反応するルアーもバラエティに富んでいるので釣りの対象魚としては最高に面白い

スモールマウスバス

ノーザンラージマウスに比べて、冷水と流れに適応力がある反面、高水温になる沼系などは苦手。カバー依存傾向は低く、沖合を回遊したり流れの中にいたりすることが多い。もっぱら群れで行動し、集団で狩りをする。ルアーへの反応もよいが、そのときに食っているエサに近いものに対して偏食的な反応を見せる傾向が強い

フロリダラージマウスバス

故郷は北アメリカ大陸のフロリダ半島。温暖な環境下で顕著に大型化し、体長70㎝を超えるまでに成長することもある。一般的にノーザンと比べて浅い止水環境を好むとされ、カバーに依存する個体群と群れで回遊する個体群がいるという。水温低下に敏感な面もあり、冷え込むとルアーへの反応が著しく悪くなる

フロリダラージマウスバスの生息環境。ブラックウォーターをたたえた広大なシャローフラットに、水生植物がびっしりと繁茂している。日本だと琵琶湖・南湖がそれに近い

IQが高い
フロリダラージマウスバス

　日本にいるブラックバスはノーザンラージマウスバス、スモールマウスバス、フロリダラージマウスバス、大まかに言ってこの3種類ですね。なかでも僕らにとって一番親しみが強いのはノーザンですよね。

　それぞれ性格が全然違うんですが、僕個人の見解では、一番頭がいいのはフロリダバスです。スモールもデカくなると頭はよくなるんですが、フロリダバスは長生きもするのでそのぶん頭もよくなります。普段釣ってるバスがネコだとしたら、池原のデカいバスはイヌくらい賢い。それくらい違います。僕もフロリダでは散々な目に遭いましたからね。スモールも長生きすると突然天才化することもあります。

　スモールマウスは遊泳が得意で、流れ適性がラージマウスより高い。フライ（稚魚）のうちから中層を遊泳する魚なんで、イケイケです。アメリカ大陸では彼らはパイクのエサになるんですが、それでもエサを追うために泳ぎ続ける。さほど日焼けを嫌がらないです。

　ノーザンラージマウスは中層遊泳もカバーで待ち伏せも両方やります。ただ、スモールに比べると圧倒的にビビりですね。フロリダラージマウスは止水域向きの魚。フロリダのベターっとした水の動かない水域で育ってきたので、頭を使って生活しているな、と。ノーザンに比べてフロリダの方がテリトリー意識は強いと思います。フロリダラージマウスのスクーリングって魚がデカくなるほどあまり見なくなります。いい条件の場所を一緒に動いたりはするけど、群れで小魚を追ったりはあまりしない。フロリダよりもノーザンの方が1日の遊泳範囲は広く、スモールはもっと広いです。運動能力が高い。アフリカ人が目がいいとか足が速いとかと同じですね。状況の変化への適応力が一番優秀だと思うのはノーザンラー

スポッテッドバス

見た目はノーザンラージマウスに近いが、口が小さい、体型が細長い、第1背ビレと第2背ビレが繋がっている、舌にトゲがある、などの特徴がある。低水温に強く、流れのある川を好む。また、深場を群れで行動する傾向がある。カバーに隠れるよりも群れでベイトフィッシュを追う傾向が強く、つまり性質はスモールマウスに近い

ジマウスですね。フロリダは寒波一発でまったく食わなくなることがあるけれど、そうゆう状況でもノーザンはなんだかんだ遊んでくれます。ノーザンにくらべると、スモールマウスも食う食わないが極端ですね。

K² column 02
Kenta Kimura

キムケンの大切な友だち?

鳥

鳥はね……琵琶湖で釣りをしていると意識せざるを得なくなりましたね。僕のようにフィーディングを大切にして釣りをしていると、釣れたあとに、「やっぱり鳥がいたやん……」っていう経験が多いんです。ユリカモメしかり、カンムリカイツブリしかり、ミサゴしかり、やっぱり釣れた場所にはいるんですよね。

見逃せない鳥さん ランキング

1位 カンムリカイツブリ
小魚をダイブして食っているのを目にすると思います。霞とか琵琶湖とか巨大なワカサギレイクに多い鳥です。釣りをしていて僕が一番やる気が出る瞬間は、自分が投げたいところにカンムリカイツブリがいるとき。一番やる気なくすのは沖や川筋の真ん中にいるとき。そういうときは、夕方までバスはフィーディングに差して来ないんで釣れません。あと、ボトム系のハゼとかも食ってるかもしれませんね

2位 ユリカモメ
かなり小さい魚まで食っちゃうんで、必ずしもバスとリンクしているわけではないんですが、あいつら小さいベイトの群れでも上空から見えてるんですよ。今の魚探は360°(ハミンバード)やライブスコープ(ガーミン)やと言いますが、あいつらの方が魚探よりも有能。どんな人気ガイドよりもベイトの周りにいます。あいつら飛んでいても何気に下をチラ見してて、湖流のヨレの位置とかも極めています

3位 カイツブリ
ハトくらいの大きさのフィッシュイーター。写真は冬羽だが、夏羽は黒ベースに金色の飾り羽が頭部に生えておりまったく別の鳥のように見える。ハジロカイツブリ、ミミカイツブリなど似ている鳥もここでは総称する。氷魚(ヒウオ)など、小型の魚を中心に捕食するため、エサが小型化しがちなウインターシーズンや春先にバスの居場所とリンクすることが多くみられる

4位 ミサゴ
ミサゴはベイトフィッシュだけでなくバスも食うんですが、目のよさでいったら一番かな。魚っ気があるところの上空を飛行コースとして回っているので、今日はやたらミサゴが多いな……っていうエリアは有望なことがあります。ただ、個体数が少なく、一羽で飛んでいるので認識しにくいですね。トンビだと思ってたらあれミサゴやな、って感じで

5位 シラサギ
だいたいどこにでもいるんですが……あいつらは立てる水深じゃないと捕食ができないのが弱点ですが、究極にテンションが高いときは、たまに飛びながら首を伸ばして食おうとしていますね。成功しているのは見たことがないですけど……そういうエリアは熱いです。ウィードマットとかにも立てるので目印になりえます

ワースト1位 カワウ
カワウ・ヘイトです。めちゃめちゃバスもギルも食ってます。なるべく冬が寒くならないことを願うばかり。4〜5℃くらいの水温が続くとバスもギルも逃げられなくなってほぼ壊滅させられてしまいます。「よっしゃ、ここ釣れるやろ!」って入ったポイントでウが出てきたらだいたい釣れないですね

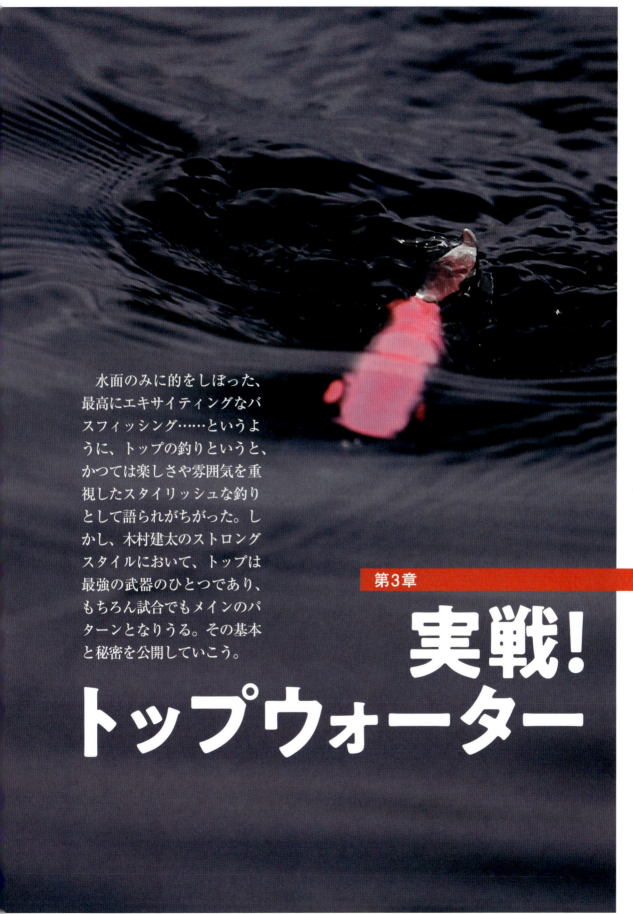

水面のみに的をしぼった、最高にエキサイティングなバスフィッシング……というように、トップの釣りというと、かつては楽しさや雰囲気を重視したスタイリッシュな釣りとして語られがちだった。しかし、木村建太のストロングスタイルにおいて、トップは最強の武器のひとつであり、もちろん試合でもメインのパターンとなりうる。その基本と秘密を公開していこう。

第3章

実戦！トップウォーター

第3章　実戦！トップウォーター

トップは楽しいだけじゃない、状況にハマればかなりの威力を発揮する釣り方である……という認識もそれなりに進んできたと思う。しかし、木村建太はトップこそが最強、と断言する。なぜ、水面というステージはそんなにも熱いのだろうか？

The strongest reason
トップが最強の

水面はルアーを見破られないためのカバー

　トップというのは僕にとって非常に重要です。「トッパー」というトップだけでバス釣りをするジャンルが成立してしまうほど、すごくディープなジャンルなんです。あと、自称釣りウマなアングラーに言いたいです、「トッパーなめんなよ！」と。トッパーの話は中途半端なライトリガーの話よりもずっと参考になりますよ。トップでそこまでできるんや、って。
　トップは濁りや風に弱いとか、環境的な弱点はあるものの、バーンと出た時のサイズがぶっ飛んでるんですよ。行くと決めたらでっかい魚でも止まれな

いんです。ブラックバスの目の構造上、水面に浮いていると、完全になにか理解できない物体であることが最大の強みなんだと思います。そして、水面というカバーはそれよりも上に逃げることができないんで、追い込みやすい状況にある。完全に見切れないので、バスからしたらあとは食うか食わないかという判断を迫られるんです。そして、バスが食うときには垂直立ちするしかない。そこがバスの弱点であり、それをオートマチックに引き出してくれます。池で、釣りの上手な人たちが何人もライトリグでや

ノイジー
リバー2シー／ホッパープロッパー190
後ろの片羽根が回転して、ポコポコポコポコと水面を騒がしく疾走する新ジャンルノイジーだ。原型はマスキー用ルアー。どんなノイジーよりも速く引くことができ、小魚を追っているバスにも考えるヒマを与えないスピードが出せる

フロッグ
デプス／バスターク
カバー特化型トップ。水面付近にある「なにか」を利用するのがトップの極意。ただでさえ見切られにくい水面で、さらにカバーを利用してルアーを見せずにその存在感だけでイラつかせる……というバスの弱点を見事に突いたルアーだ

ブラックバスの目の構造上、水面のものは身体を上に向けなければはっきりと認識できない。スピードのあるトップならそのチャンスすら与えずにバイトさせてしまうし、フロッグなら上を向いてもカバーがあるので認識すらさせない

理由

っているときにトップでドカン！とデカいバスを釣れるのは決して偶然じゃないです。頭のいいバスをだます力を根源的に持っているんです。

ワーム系で普通に食わせられるな、っていうときは楽なコンディションです。逆に、釣り人が多くてシブいときに、「これは水面を使うしかないな……」っていうのがハイプレッシャー耐性を持っているアングラーの感覚だと思います。水面というのはルアーをバスに見破られないために使えるツールなんだという認識をしておいてください。

他のカバーを絡めれば、さらに釣りやすいです。ある程度高さのあるウィードとか、壁際とか、シャローの一番浅いところとか、バスにとって食いやすいスポットまで導いてやる。

なんか知らんけど食えるところにエサが入って行った、そういう演出ですね。僕は、魚に対してどうしたら親切なアプローチになるのか、常に心がけています。トップはただ水面で誘うだけでなく、プラス何かを最大限活用しないといけないルアーなんです。

他には、木に吊るしたり、小魚を追いかけているときは速巻きしたり、表層の引き出しが多いほどその破壊力を引き出すことができます。

第3章　実戦！トップウォーター

Frog
フロッグ

10年ほど前、今では主流となった中空タイプのフロッグは、一部を除き、ほとんどの国産メーカーのラインナップに存在していなかった。あったのは、リアルとは程遠いスナッグプルーフやスカムフロッグ。およそ「お遊びの釣り」と受け止められがちであったが、ごく一部のアングラーはそれらを改造し、実戦投入していた。木村建太もそのひとりだった

キムケンの秘術。
姿を見せないランカーキラー

カバーの上を歩く、静かなる暗殺者

　フロッグは僕の最終奥義、絶対的スーパースターです。すなわち見せない釣り、僕のなかで一番フィネスな釣りです。水面を覆うカバーさえあれば、なによりもフロッグが繊細でロープレッシャーな釣りになる。ヒシでもカナダモでも発動条件を満たせばフロッグは最強。木に吊るせる、首を振らせて誘える、止めても浮いてる、対プレッシャーのあり得ない動きをするんです。

　「ここ、デカいのおるよ」と言われてる池なんかで、フロッグで釣ればデカいです。同じくカバー最強のパンチングはカバーの中でルアーをバスに見せてしまうので、フロッグの方が釣れる魚は大きいです。ただ、ルアーが丸ごと口に入らないとフッキングしないので、それなりの大きさのバスじゃないと釣りにくいので、諸刃の剣でもあります。

第3章　実戦！トップウォーター

「僕にとってはフロッグはフィネス。
そもそもルアーを見せてない」

フロッグを丸呑みしたナイスサイズ。疑い深いバスをだまして「本気食い」させることができれば、フロッグといえどフッキング率はかなりアップする。ルアーの構造上、完全に口の中に入らなければフッキングしづらいのだ

カバーが濃いほど、キャスト回数を増してバスに気づかせる

　フロッグがマットカバーの上に乗ってしまえば無敵モード発動です。何度でも言いますが、フロッグの武器はカバーに隠せることです。マットカバーならゼロに近い存在になれる。当然、アピール力は最弱。ただでさえ存在を把握しづらい水面の上、さらにカバーの上にいるから見切られることはほぼないです。カバーの上のフロッグを見切るようなバスは相手にするだけ時間の無駄です。

　カバーが濃く、その下にいるバスがフロッグを見つけにくいな、という場所には何度もキャストします。アピールが弱いということは存在感が限りなくないということなので、徐々に距離を詰めていきます。

　逆に、単なるオーバーハングの下など、バスから見つけにくくない場所なら1投で終わらせます。そういう場所はバスに物体として識別されてしまっているので、奥に入れても引っかからないトップウォータールアーとして使ってます。

フロッグを投げる場所

琵琶湖なら、基本的には湖流が当たってベイトがたくさんいる場所にあるカナダモマット。具体的には、インレットのちょい沖のサンドバーなど。リザーバーや川なら、オーバーハングに入れたり、吊るしたりして誘う。野池ならばヒシなどバスが集まりやすいカバーをねらおう

ベイトの存在ももちろん重要

ウィードのポケットやマットの下にギルが見えたら、そのマットはナイスフロッグ場。「パツパツ……」と水面から捕食音が聞こえたらそこにもギルがいる。ギルがいればバスは必ずいる

ウィードのようすで湖流を確認する

写真のようにウィードがたなびいていれば湖流がある証拠。水通しがいい場所はやや薄めのカバーにもバスが散るのでパンチよりもフロッグ向きのシチュエーション。ちなみに、マットはできたての新しいものが好ましい

050

フロッグのタイプ

ウォーカータイプ
デプス／スリザーク

グラスマットが薄いときや、バスがベイトフィッシュを追っているときはこちらのタイプがおすすめ。有効なアクションをさせるにはやや慣れが必要だが、ザラスプークが動かせるならスリザークも動かせるはずだ

ポッパータイプ
デプス／バスターク

グラスマットが濃い場所で、水中のバスに存在を示したいときはポッパー。波動だけでなく、音と飛沫でもアピールできる。バスタークは平行浮きでありつつ飛距離も出すため、ボディ内に遊動式ウエイトボールが入っている

アクション

スリザークはウエイトがセンターバランスなので、立ち浮き系よりも首を振らせるにはややコツがいる。ラインスラックを利用しつつ、ボディのサイドで水面を叩くようにパンパン……と、強く、リズミカルにアクションさせる

アクション

平行に浮いたルアーが、「ゴボォッ!」と轟音を立てながら前進する。バスにルアーを見つけさせ、バイトしやすいよう、一定のリズムでポッピングをさせるのがコツ。およそ、1秒間隔

ラッパのように薄く広がった口。通常のポッパータイプはフッキングの瞬間に口が引っかかって邪魔をすることがあるが、これは問題なし

バスのストライクゾーンの広さでフロッグを使い分ける

　フロッグを分類すると、動かし続ける系、止める系の二極ですね。ギル、虫系など止まっているエサを食っているのか、細長い系ベイトフィッシュを追っているのか。マッチ・ザ・ベイトに加えて、マッチ・ザ・ストライクゾーンがバイトに繋がります。たとえば、亀山湖などギルの多いシチュエーションで、ギルが浮いていないときに動かし続ける系のスリザークを入れても、バイトさせるのはなかなか難しい。そういうときは、カバー下のやや深いところにいるバスをおびき寄せられる、あるいは無理やりスイッチを入れることができるバスタークの出番です。その時々のバスのストライクゾーンの広さ、狭さによって、使うルアーを変えていくのが正解。広範囲に探って、追わせて食わせるのであれば動かし続ける系のスリザーク、短い移動距離で水面下にアピールするのであればポッパータイプのバスターク。あるいは、マットが濃すぎてスリザークでは動かしづら

いときにバスタークのポップ音で無理やり見つけさせる。スリザークはカバーから離れた場所でも食わせやすいアクションが出せるところがいい。この2タイプは使い分けが重要ですが、状況と魚のコンディションによるので一概に言えるものでもないです。
　いずれにしても、「活性が悪いからフロッグに出ないんだな？」とか、「カバーの下に入れないと食わないんだな？」という認識では上でも下でも食わせることは難しいでしょう。本当に活性が低い魚は石みたいに食わないんですよ。なにをやっても無理です。反面、ベイトを激しく追ってるバスにルアーが無視される、ということもよくある。なので、食わないのは魚の活性の問題だけでなく、釣り人のアプローチが間違っていると僕は考えています。とにかく、トップに出るから活性が高い、という考えはやめたほうがいいです。活性の高い低いではなく、バスに「ええやん！」って思わせないといけない。「上になんかおるで？　なあ、なんかおるで？」と。人間にとっては屋根裏に猫が歩いてて、足音と存在感だけ感じるような状態ですね。

第3章 実戦！トップウォーター

ボートごと寄せるかのような、フルパワーファイト。太いPEライン、頑丈なリール、折れないロッド。大人の本気に耐えうる道具がフロッグゲームには不可欠だ

フロッグはマニュアル型フィッシング。腕の差が顕著に出てしまう

　フロッグの動かし方で大切なのは緩急です。
　まず、キャストして、ラインが風でなびいてしまうとロッドアクションがルアーに伝わりにくくなるので、メンディングしてラインを一直線にしてやる。サオ先でルアーを叩くようなイメージで、一定のアクションを加え続ける。このときに、水面をチョコチョコと優しく動かすのではなく、水面をしばくようなつもりでしっかりと叩くことが重要。動く、止める、の緩急をつけて連続アクションさせます。例えるなら「拍手」です。バラバラのリズムで拍手をする人はなかなかいませんよね。ガイドのお客さんにも「ずっと拍手をし続けるだけですよ！」と徹底して教えます。動かないという人は、この緩急ができてないんです。スリザークを動かせない人はザラスプークも動かせないだろうし、ワームの釣りもできてないと思う。常にラインを張ってちゃダメ。ましてや、フロッグはPEラインなのでごまかしが一切きかない。常に100-0の緩急アクションを意識してください。

アクションの基本

水面をしばき倒せ！
木村流フロッグはひと昔前の使い方とはかなり違う。ライギョ釣りのように水面をチョコチョコと動かすのではなく、ワンアクションごとに水面をしっかりと叩く。ライギョは目が上についていて水面感度が異常に高いので弱めのアクションでも見つけてくれるが、バスは水面で強くアピールしないと気がつかない

ロッドは下段に構える
ロッドは斜め下に倒して、手首を使って小刻みな縦アクション。リアグリップでヒジをペシペシと叩きながら、一定のリズムをキープする。ロッドティップで5cmずつラインを進めていくイメージだ

フロッグタックルに求められる条件

　フロッグゲームは太いPEラインを使うことを前提にしているので、まず必要なのは折れないロッド。大人の100%の力でアワセても折れてはいけません。「軽いな……」って感じたらヤバいと思ってください。現代の技術であれば強度を維持しつつ、ほんの少しくらいなら軽くすることはできるかもしれませんが、軽くすれば弱くなる、というのは物理なので限界があります。

　ウォーキング系フロッグに特化するのであれば、少しティップが入るタイプのロッドの方が動かしやすいけど、ポッパー系には難しくなる。そのへんのバランスが大事です。

　ラインは張りが強いPEじゃないと飛距離が出ない。ベイトタックルで使うならコーティングが硬めの8本ヨリがおすすめ。フロッグに遠投性能はとても重要です。

鬼アワセ

全力。バットから曲げるように、全身の力を使ってアワせる。ブッシュバイパーを使うお客さんには「折ってください。折れたら買ってあげます」と伝えている。タイミングはバイトから3秒以内。出たら一瞬送り込んで、テンションを緩めて……フルパワーで決めよう

極意・同じマットに何度もフロッグを通す

ときに、車2台分ほどの狭いスペースに、30分ほど時間をかけてフロッグを投げ続けることもある。ただフロッグに気づかせるだけではなく、バスを怒らせてバイトをさせる意味もある。そのうちバスも我慢できなくなって、水面から全身を出すような本気食いをしてくる

フロッグのタックル

ロッドはデプス／サイドワインダーHGC-70XS/GPブッシュバイパー、リールはアブ・ガルシア／レボ・ブラック10、ラインはPE 5号クラスを使用。ある程度柔らかくてレギュラーアクションのほうがフロッグは使いやすい。ガイドはスパイラル。全力で曲げるベイトロッドはスパイラルじゃないと綺麗に曲がってくれない

現代のフロッグの足はラバースカートが主流だが、スリザークもバスタークもラビットゾンカーを使用している。水に濡れたゾンカーはキャスト時にペタンとボディにくっついてくれるので、ラバースカートよりも飛距離が出る

> フロッグは腕の差がモロに出る釣りです。やってみる？

053

第3章　実戦! トップウォーター

夏のため池やリザーバー、あるいはスモールマウスバスに飛び道具的な威力を発揮する日本独自のメソッド。セミの鳴く木の下で虫ルアーをチュポっと吸い込むように食う。バスフィッシングにおけるマッチ・ザ・ベイトの重要性をまざまざと感じさせられる

虫Buy

ジャパン・オリジナル・ストーリー

実は木村建太が最も苦手とするジャンルです……

　虫は究極にアピールが弱いルアー。同じトップでもノイジーやバズベイトの正反対です。虫パターンというのは日本の特殊な状況が生んだテクニックで、本当に独特だな、って思います。アメリカでは遭遇したことがない、ジャパニーズカルチャー。琵琶湖でもないですね。メディアの取材でいろいろな場所に行くようになって、「虫なんか食っとんのや!」って驚いたくらい。

　ベイトフィッシュが乏しい日本の特殊な環境におけるマッチ・ザ・ベイトだし、関東リザーバーなど狭いエリアにボートがひしめく水域での特殊なプレッシャー対策だったりで、これもある意味ストロングだと思いますね。両方を兼ね備えているという意味で。アメリカでもメイフライパターンとかたまに聞くことがあるけど、日本ほど夏場にエサが枯渇している印象はないですね。

　サイトフィッシングでも有効ですが、軽く小さいルアーなのでキャストアキュラシーを要する。なので、

バークレイ／青木虫1.5インチ
究極の虫とも称される、青木大介プロデュースの逸品。ワーム素材の後ろ足とシリコンの前足で異なる波紋を起こしてバスを惑わす、小ちゃなトリックスター

琵琶湖のユスリカ。直接虫を食っているバスをねらう、いわゆる虫パターンとは違うが……。水面にハッチする大量のユスリカのをねらうギル、それをさらに下からねらうデカバスをだまし討ちにかけるというのが、琵琶湖のインセクトパターンか。虫は重要である

うまいヘタの差がすごく出る釣りなんですよね。琵琶湖にしてもアメリカにしても、そういう釣りが必要のない環境で育ってきてるんで、正直、僕が一番苦手とするジャンルかな(笑)。地方の河川や池とかでも虫パターンをやるくらいだったらブルフラット4.8インチとかでいいや、ってなっちゃう。決して、それがベストとは思ってないんですけどね……。

054

巨大なプロペラ、ワイヤー、そしてラバージグの複合体。これが爆音を立てながら水面を疾走するのだが、なぜかバスはたまらず食いついてしまう。スピナーベイトと並び、あらゆるエサの生き物に似せることを放棄したルアーでもある

Bazz bait バズベイト

デプス／マツバズ
左右非対称のプロペラはワイヤーと面で接触するようにセッティングされ、圧倒的なスクイーク音を発する。トレーラーにはパワーグライダーを装着して飛距離アップをはかり、トレーラーフックでフッキングミスを減らすセッティング

考えるヒマを与えない、水面の**走り屋**

音あり、スピードあり、カバーに当てられる、という独特なルアー

　実はもともとあまり好きなルアーじゃなかったんです。琵琶湖で使っていると、ここぞというところでカナダモを拾ってきたりするので……バジンフロッグ系を使うことが多かった。でも、バズベイトのストロングさは他に代え難いものがあります。

　強烈に効く場面があるのは、秋口から晩秋。これなしでは勝たれへんな、というときがあって、アメリカの試合でもかなり活用してます。

　音やピッチを突き詰めるとなかなか奥が深いです。トレーラーを担がせたりして強さを調整する術を身につけてからは、実戦的ウエポンとして自分のものになりつつあります。スピードを出せてカバーに当てられる、という他のルアーにはない長所を引き出すことができれば、ものすごい破壊力を発揮してくれるルアーです。

　正確にはバズベイトではないですが、近いルアーで僕の最近のお気に入りがリバー２シーのホッパープロッパーですね（写真はP.47参照）。マスキー用のルアーから派生したものなんですが、バズよりも大きな音が出せて、深いレンジからバスを引き出すことができます。アメリカはもちろん、晩秋の日本でもよく釣れるんです。

アチャファラヤ川にて。秋の食わせにくいタイミングで、フリップではバイトが得られなかったが、バズベイトが炸裂しビッグバスを捕獲

アメリカで大活躍したホッパープロッパー。試合では110サイズをメインで使用して魚の過半数を釣ったこともある。高速横移動系でかつ浮かせる力が強いという、使い方次第では非常にストロングなルアーだ

第3章 実戦！トップウォーター

Noisy
ノイジー

ただ巻くだけで、水面をガシャガシャと音を立ててかき回し、デカいバスが釣れてしまうのだからたまらない。最もオートマチックにビッグフィッシュを反応させるパワーを持つ、初心者の味方ルアーだ

集魚力とスピードを兼ね備えた水面暴走族

デプス／バズジェット
ディープクランクのようなボディに先端の曲がったリップがつき、テールに大きなプロペラがつくと……どういうわけかでバスキラーノイジーが出来上がってしまった。その破壊力は今も健在

ナマズ型の羽根モノ系ルアー。かなり大型なのだが、全国的にビッグバスのキャッチ報告が相次いだ

NZクローラーには驚いたが、琵琶湖ではバズジェットが強い

ノイジーも当然ストロングですね。ここ数年大人気のデカ羽根モノは、もともとマスキー用のルアー、ハイフィンのクリーパーなどがバスに転用されたものですね。僕も最初は意味がわからないルアーだったんですけど、NZクローラーの登場で、なんじゃこりゃ!? と。NZクローラーはスローに引ける上、動き続けるだけで釣れてしまいます。虫を食ってるバスも浮かせてしまうし、細長い小魚を食ってるバスも浮かせてしまうという意味不明な爆発力を持っている。普通のノイジーよりも深いレンジからバスが引き出せてしまう。

ただし、琵琶湖においてはバズジェットの方が力を持っています。なぜか？ NZクローラーは風が吹く場所ではあまり力を発揮できないのかもしれない。全国的に見て、琵琶湖が一番弱いかも。とはいえ、場所によって反応するルアーは違うので、適材適所です。琵琶湖ではいろいろ試したのですが、やはりバズジェットの完成度がすごく高いです。ゆっくり巻くだけで6～7月の魚を浮かせてしまう。サーチ力と浮かせ力を両立していますね。「よかった、デプスのルアーで……」って思ったくらい。ギルの場所でも小魚系の場所でもどちらでも通用してしまう、本当に恐ろしいルアーです。ポッパーだとものすごく時間がかかる場所でもバズジェットなら流すだけで釣れてしまう。6～7月はいまだに一軍。琵琶湖では欠かせないルアーです。

その水域の
レコード級をも狂わせる、
表層の**リアルギル**

そのまんまギルな、トップ系ビッグベイト。キムケン的にはこれでひとつのジャンルといっていいほどの特殊能力を持つ、唯一無二のルアーである

Bullshooter ブルシューター

デプス／ブルシューター160
とくにお気に入りなのがこの160サイズのハイフロートモデル。バスを寄せるパワーとフッキング能力のいいとこ取りなのだ

ビッグベイトパワーと浮上の魔力を生かす

　僕のなかでは、ブルシューターのハイフロートモデルもトップに位置付けています。風が吹いているときにちょっと沈ませてから使ったり、バスに「ギルが来た！」としっかり認識させるという水中トリックも使っているので、純粋なトップかというと違うかもしれません。が、水中で一度バスの視界に入れてから水面に追い込ませる、という意味でトップかな、と考えます。

　僕は、ブルシューターに限ってはフローティングしか使いません。なぜかというと、浮上するギル型ルアーを食うような時期は、まさに浮上する瞬間に食わせないとフッキングが決まらないんです。沈んでいくギル型ルアーにバスの目線を合わせてしまうと頭から食われるので、フックが掛かりにくい。たまに、釣ったバスの食道からギルの尾ビレが出てるでしょ？　頭よりも腹側から食わせる方が乗る確率が上がるので、必ず浮かせて食わせるようにします。

同時に、水面の虫を食っているギルを演出することもできるんです。

　オリジナル、160、Jr.がありますが、僕の使用頻度が一番高いのが160。Jr.だと釣れるサイズが下がってくる。でもブルシューターにはビッグベイトのパワーを期待するので、亀山なんかでも僕は160です。でかバスを引っ張る力が全然違います。その「魅力」がブルシューターのよさなんですから。オリジナルサイズは魚を引っ張ってくる力と食わせる能力はもう尋常じゃないんですけど、ルアーが重いのでファイト中にバレることがありますね。

腹から食わせればフッキング率が格段によくなる。上を見ているギルを演出する意味もあるが、キャッチ率も考慮してのハイフロートなのだ

K² column 03
Kenta Kimura

アメリカもいいけどやっぱり……
僕の好きな日本のフィールド

　僕の好きな釣りができるのはもちろん琵琶湖ですね。憧れの場所であり、今のホームレイクです。ひと言でいうなら、ディズニーランド。夢の国です。ユニバーサルスタジオにミッキーマウスはいないんですよ。琵琶湖に釣りに行く人のテンションって、遊園地のゲートをくぐる感じじゃないですか。それだけ無限大の価値がある湖です。ただデカいバスが釣れるというだけでなく、釣り方のパターンの多様性が非常に広い。ガンターズビル（アメリカNo.1のメジャーレイク）のほうが釣れますが、琵琶湖の方が多様な釣り方ができます。

　霞ヶ浦水系というのもまったく別の形をしていますが、同じビッグレイクというのがすごく好き。でも、池も好きだし、そこに優劣はないですね。

　釣りをしていて気持ちがいいのは釣り人を歓迎してくれるところですね。釣れようが釣れまいが、池原ダムみたいに村ぐるみで「大きいバスが釣れますよー」って言ってくれているようなところは、僕らの立場上もありますが、うれしいですね。亀山ダムもそうですが、釣り人を増やして欲しい、っていう湖はいまの時代そうそうないじゃないですか。そういう場所がもっと増えるように僕もがんばりたいです。

　僕の世代は第三次バスブーム、過去最もバスアングラーが日本中に溢れかえった世代の残党で、その後の問題に直面してきたと思います。日本という島国には内水面がすごく限られています。この島の中でバス釣りという遊びを愛した以上、死ぬまで続けたい。日本でバス釣りができる環境があるからこそ、僕らはバスプロをやっていられる。それは釣りをしていい水辺があってこそなんで、それを長期に渡って楽しむ方法を考えていかないといけない。ゴミのポイ捨てとか迷惑駐車とかをする人に言って届かせるのは難しいけど、ゴミを拾う人が増えると少しは現実がよくなっていくのかな、と、僕も率先してゴミ拾いをするようになりました。そういう意識をちょっとずつ共有して行きたいという思いがありますね。

普段、釣りの取材などをさせてもらっているため池のゴミ拾いにも積極的に参加している。自分が捨てたゴミでなくても、釣り人のゴミには変わりがないので、拾って帰るのがスマートだ

第4章

カバーを撃つ

カバーに潜み獲物を待つ、あるいは、カバーに獲物を追い込む。ブラックバスの真ん中にある存在へ、ど真ん中から切り込んでいく。それがカバー撃ちである。誰の目から見ても、いかにも釣れそうなスポットをねらうことも多い。ライバルに釣り勝つスキルが求められるが、釣れるバスのサイズも達成感もまた大きい。

第4章 カバーを撃つ

ジグ&テキサス系の使い分け

カバー撃ちの2大政党、ラバージグとテキサスリグ（とその派生系）。カバーに沿って落としたり、ボトムをズル引きしたりと、一見用途の似通ったキャラ被りルアーと思われがちで、好みで使い分ける向きも多いかもしれない。が、木村建太は明確な理由を持って各種リグを使い分けている

Jigs &

テキサスは対カバー特化型、ラバージグは汎用性がある

　ジグとテキサスは、たしかにどちらもカバーに撃つし、動作が一緒なので、同じようなルアーとして捉えている人が多いと思います。しかし、たとえばヘビーカバーを撃つだけならば、バレットウエイトを使ったテキサスよりもラバージグがメリットを持つことってあまりないんです。カバーが異常に濃いところはテキサスじゃないと無理。でも、ジグが必要とされる理由はいくつもあって、基本的にバーサタイルなんです。カバー撃ちに特化したのがテキサス、さらにボトムで誘ったり泳がせたりというオプションを器用にこなすのがラバージグの特徴です。あと、「今、ジグやな」って感じるときは釣れる魚がデカかったりします。そういうときはジグには勝てない。
　どちらも基本的にカバーがなければ投げる価値はないです。ウィードであれ、ウッドであれ、カバーがあればOK。ただ、キャリラバを発祥とするジャパニーズフットボールジグやスイミングジグはまた少し別です。

テキサス、ビフテキ、パンチショット。それぞれ長所と短所がある

　テキサスはカバーに絡めるためのもので、オープンで使うリグではないです。とくに琵琶湖の場合はウィードがたくさんあるので、カバーをガチで撃つつもりなら、テキサス系はなくてはならない存在です。ただ、正直、最近はビフテキの使用率が100%に近いかな。バレットシンカーのテキサスリグはフォール時にラインが抵抗になって、ボトムに着く前にルアーが横にスライドしてしまって、バイトが減ることがある。水深が深くなってくると、フォール中にシンカーが徐々に横を向いてしまうんですよね。ボトム到達前に真横に近くなってしまって見切られて

しまうんです。

　ビフテキは同じウエイトでもフォールスピードが速く、ボトムまで真っ直ぐに落ちてくれます。パンチショットでも同じですが、どうしてもスイベルとかいらないものが付いてますよね。あと、シンカーより先にワームがカバーにヒットしてしまうので、濃いカバーを撃つときにワームがダメージを受けやすい。これがパンチショットを多用しない理由。ビフテキの方がワームがズレるリスクが低いんです。

　対カバー耐性はテキサス、ビフテキ、パンチショットの順。ガチガチのヘビーカバー、たとえばホテイアオイの畑みたいなところを撃っていくときはテキサス。でもディープグラスを撃つならビフテキの方がメリットが大きいです。やや薄めのカバーならパンチショットは軽いウエイトでも貫通力があるので当然使いどころはあります。ただ、ぶっちゃけ琵琶湖ではパンチショットはやらないです。ワームがズレて仕方がないので。

ジグ&テキサスの大前提

　カバーを撃つ、フォールで誘う、ボトムで動かす……ジグ&テキサス系は、いずれにしても、ルアーを信じてやるっていうのがすごく大事です。不安になって、途中でラインを張っちゃったりっていうのが一番ダメ。バックラッシュを直してたら食ってた、なんていう経験は誰しもあると思いますが、あれはルアーが勝手に食わせてくれているんですよ。たとえば、ガイドのお客さんがカップルで来て、彼女ばっかり釣れるなんてことはよくあります。だいたい男子は動かし過ぎ。女子は僕が「ちょっと糸をたるませてくださいね」って言ったら、そんなにたるませんでも……っていうくらいダルダルにします。あれがやはりデカいバスが食う理由なんですよね。ボトムで食わせるからには、ラインはしっかり緩める、というのは大前提。あとはルアーに任せて大丈夫です。

Texas rigs

テキサスリグをカバーチャンピオンの座から引きずり下ろしつつあるのが、このビフテキリグ。アフタースポーン以降のカバー撃ちの主力となっている。テキサスとパンチショットのいいとこ取りのような特性で、まっすぐ落ちる、フッキング良好……などメリットが大きい

第4章　カバーを撃つ

早春季。水の温まりやすいシャローにてキャッチしたプリプボーナー。この時期のバスは冬眠から覚めたザリガニを目ざとくねらっている。そんなときこそラバージグの出番。危険な食われ方をしがちなので、太めのラインを使おう

春にラバージグが でかバスに効く理由と、 食わせの極意

　時期によってはラバージグに頼らざるを得ないことがあります。たとえば、魚食中心で生活していた冬場を乗り越え、ザリガニが冬眠から覚める春です。バスは体を作るためにカルシウムなどの成分が必要になってくるものあって、ザリガニが捕食のターゲットになります。そういうタイミングはラバージグが勝手に食わせてくれます。しかも、デカい魚を選んでくれるので、すごく重宝しています。夏場のディープにも甲殻類は存在しているので、よほど魚食中心になっていなければジグはやはり効果的。
　昔、飼育されていたバスを観察していたのですが、エサのザリガニが投入されると、ザリガニもバスにねらわれるのがわかっているから、ツメを立てて威嚇態勢をとるんです。あの姿勢のときはバスもよほどデカい個体じゃない限り、手を出さないですね。ザリガニが威嚇態勢を完全に解除するのを待ってから裏側に回り込んで吸い込む。それが僕の見た事実で、それを踏まえると、ラインが「スコン」って軽くなっ

春、ザリガニがたくさんいるであろうハードボトムをスーパーヘッドロックジグ＋ベコンクローでコリコリ。カラーもブラウンスカートにスカッパノンというマッチ・ザ・ベイト。ウィードの少ない年は日本式フットボールジグが活躍する。ちなみに、スカートはファインラバーだ

季節は進み、ウィードが増えて夏っぽくなってくると、ジグよりもテキサス系を多用するようになる。これはパワーグライダーのビフテキ。ウエイトは3.5〜7gで、エビモなどのスポットを撃っていく。ハマれば50㎝アップ二桁到達することもある強烈な釣り方

て手前に走ってくるバイトが腑に落ちます。威嚇状態が終わった瞬間、つまりトレーラーが倒れた瞬間にスッと後ろに回り込んでラインごと吸い込んでいる。ラバージグに20ポンドラインを僕がよく使うのはカバーが濃いからではなく、歯ズレで切れるケースがすごく多いからです。いい食わせ方をしたときほど危ない。後ろ側から、ラインもろとも折りたたまれて口の中に吸い込まれ、ジグが口の中でUターンしてフッキングが決まる、というメカニズムなんです。釣りまくったジグのヘッドを見ると、傷がU字型に入っていたり、横に入っていたり、「なんで？」っていう歯型がある。バスは、魚でも甲殻類でも基本的に一番弱点がある側に回り込んで食います。どういう食い方をしたら捕食成功率が上がるかよくわかっている。だから、ラインを張ってアタリを感じる必要なんてないんですよ。ジグが勝手に丸呑みにされてくれますから。だから、僕はボトムにつけるジグに関してはルアーを信じる。食ってから手前に走ってくることが多いので、当然張りの強いロッドと太いラインでガチ！っとアワセてやらないとフッキングが決まらない。ハイギヤリールが最も必要になるシーンでもあります。

　ただ、いまはザリガニじゃないな、っていうときはテキサス系の方が当然すり抜け性能がいいし、撃てるカバーの幅が広がるので、圧倒的に使いやすいです。春はジグ、それ以降はテキサス系リグ、というパターンが多いですね。

カバー撃ち★ジグ&テキサスHITS

テキサス
デプス／スタップクロー

パンチング用ビフテキ
バークレイ／ハボックデビルスピアー

ビフテキ
バークレイ／チガークロー

フットボールヘッド
バークレイ／パワーフラッター

ラバージグ
デプス／コンツアージグ
＋
バークレイ／パワーフラッター

木村建太がカバー撃ち、あるいはカバー周りで使用するジグ&テキサス系リグたち。上から、スタップクローのヘビーテキサスは純粋パンチング仕様。デビルスピアーのビフテキパンチはその後継者になりつつある。ライトなビフテキはアーリーサマーなどのウィードパッチ撃ちでかなりの効果を発揮する。フットボールヘッドはハードボトムのズル引きが定石。カバージグは早春シャローカバーのデカバスねらい、あるいはジグストなどで使用。汎用性が優れている

初夏の雰囲気にも感じられる5月、パワーホッグ4インチの3.5gビフテキでキャッチしたバス。まっすぐに落ちてくれるので、エビモならばテキサスよりも撃ちやすく、フッキングも良好

テキサスやフットボールジグのいいとこ取りをした感のある、フットボールヘッドTGでの釣果。秋のディープホールにて、ハードボトムをズル引きで食わせた。フォール姿勢がよく、根がかりもしづらい

第4章 カバーを撃つ

もはや、難攻不落など存在しない

Punching パンチング

フロッグの対極にある、これもまた究極のカバーゲーム。1オンスを超えるスーパーヘビーなタングステンウエイトの登場によって、限りなく分厚いカバーでも貫通させられるようになった。ここなら安全……と油断しているバスをまんまと釣ってしまう比較的新しいメソッド。木村建太はいち早くこれをマスターし、琵琶湖のハードパンチャーとしてのし上がった

一番濃いカバーを落とせる、カバーゲームのフラッグシップ

　最初にパンチングのようなものをやりだしたのは2004〜2005年くらい。もともと琵琶湖で使い始めたんです。当時はカナダモマットがあまりなくて、シャローにウキシバが多かった。あれを攻略するために、最初は3/4オンスとかわりと重いシンカーで撃っていました。当時は夏の釣りではなく、むしろ春の釣りでしたね。同時期にアメリカに行き始めて、フロリダで釣りをしていると、他の釣り人が使っていたのが1.5オンスとかで……「え、アリなん？」って。当時はタングステンなどないので、ナマリのバカでかいシンカー。使ってみると、「こっちの方が食うやん！」ていうケースが多々あった。最初はフロロ25ポンドとかでやっていたのですが、やればやるほどフロロのメリットってあんまりないな、と思ってPEに移行しました。そして、そのころ年々琵琶湖のウィードが濃くなってきていて、自然にパンチングの必要性が高くなっていました。最初はあんまりやってる人もいなかったから、今よりはるかに釣れましたね。

ヘビーテキサスリグ
1オンスオーバーのタングステン製バレットウエイトの登場で、かつてはあきらめざるを得なかったスーパーヘビーカバーまでもが射程圏内となった

　今は、オールシーズン、カバーさえあれば使います。マットがあれば撃つ価値がある。マット下の魚は警戒レベルが低くて、そこだけ夜釣り状態なんです。完全に安心した魚を抜けます。基本的に濁っている場所よりもクリアな場所の方が効きますね。あとは、余計なヒントはいりません。マットがあるシチュエーションならばパンチングはサンクチュアリキラーなんで、食う食わないは一瞬で決まります。
　最初に作ったスタッブクローはそういうことを伝えたくてデザインしていました。食わせの要素なんか必要ない、と。もうひとつはリアクション性能を強く持たせたかった。当時、カバーの中でもあまり

ルアーを見せない方が釣れる魚がデカいというのに気づき始めていました。最初のうちは、テキトーにポンポンやってるだけで食ったりもしたんですけど、カバーの下までプレッシャーがどんどん高まってきて、ある程度重くしてフォールスピードで突っ込ませないといけなくなった。ワームにはあまり抵抗を持たせず、スピードの邪魔をしないデザインにしました。昔、フリッピング用のチューブがたくさんありましたが、あれと同じ要領です。なるべく水を掴ませないで落としたかった。当初は正直、メディアで語られていたパンチングの記事を読んで、「お前ら、知らんやろ！」って思ってた。「カバーの裏でシェイクしてクラッチを切って落として……って逆に食わへんわ！　ストン！……ドーン！やろこんなもん」っていう思いを形にしたかったんです。

とにかくフォールスピードは速く？

それは一概には言えません。春はまだついて来れないこともあって、時期にもよります。いつでも速ければいいというわけではありません。僕の感覚的に、春から初夏くらいまでは見せても食うんですよ。バスはマットの裏に浮いていたりするんで、意外に見せても食くヤツは食うんです。けど、夏本番から秋になればなるほど、ストーン！って落とした方が食いやすくなってきますね。

余談ですが、パンチングをやっていて、その延長線上にフロッグのパワーに気づいた、というのがあります。パンチングで拾えていなかった魚がこんなにいたんだ、と。

とある7月のローライトな日。デラックスなカナダモエリアにてジャンボチガークローの1.5オンスビフテキでキャッチ！

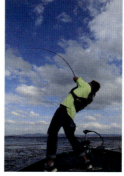
上／カナダモマットがこれくらい濃くなるとフロッグよりもパンチの方がいい。とくに、湖流が強くなって濃いマットにバスが集まったときはパンチのタイミングだ　左／フッキングは大きなストロークで思いっきり決めよう。水面のマットにラインが接触して角度がついているため、フッキングパワーが殺されがちなのだ

アメリカツアーでも場所によっては主力になる。下のルアーは、チガークローにラバースカートをセットしてある

朝は氷点下に冷え込むような早春、シャローの倒れたリーズに差してきた気の早いプリスポーナーをパンチでキャッチした

第4章 カバーを撃つ

Be free texas rig
ビフテキ

永遠の定番であるテキサスリグ。その弱点をカバーするリグとして、ロックフィッシュの世界で登場した、ビフテキリグ（ビーフリー・テキサスリグ）。バス釣りに導入されるやいなや、その使い勝手のよさと目覚ましい釣果によって、定番メソッド化しつつある。木村建太にとっても、とくに琵琶湖において重要な手駒となっている

ついにテキサスを超えた、対カバーリグ

手返しよく、フッキングも最高。もはや使わない理由がみつからない!?

スポーニングシーズンを終えて、琵琶湖にウィードがたくさん生えてくると、テキサスやパンチショット系リグの出番になってくるのですが、近年はビフテキの使用率が急上昇しています。かつてはバスフィッシングといえばテキサスリグから覚えるくらいのものだったんですけど、今はパンチショットやビフテキへと移行しつつあります。なによりもすり抜け性能を必要とするときはテキサスを使う可能性もあります。ビフテキは先端からラインが出ているわけではなく、うまく折れ曲がってくれるがゆえに、カバー下に引き込む力がテキサス以上に強いんですね。重くなればなるほどそれは顕著で、1オンス以上になるとパンチショットと同じ感覚でストーン！と突っ込んでくれます。逆にテキサスでパンチングをしているとフォールの後半に違和感を覚えるというか……1オンスですら減速していたんだな、というのをビフテキを使うようになってから感じるようになりました。そして、水深が深くなればなるほどバレットウエイトの弱点が顕著化してしまうんです。

すり抜け力はテキサスが最高なのですが、すり抜けがすべてではなくて、障害物に軽くスタックさせた方

テキサスリグ
永遠の定番と思われていたバレットシンカー式のテキサスリグ。パンチショット、ビフテキなどの登場で、対カバーの絶対的な王者ではなくなりつつある

ビフテキリグ
ジャングルジムのビーンズシンカーという専用品を使った、テキサスとパンチショットのいいとこ取りのようなリグ。軽いウエイトでもカバーに入りやすく、手返しが向上する。フッキングも良好

テキサスリグは投下する水深が深くなればなるほど、ラインの抵抗でシンカーが横を向いてしまい、ルアーの姿勢が平行に近くなってしまう。その結果、着水点から離れた場所にスライドフォールしてしまう。しかし、ビフテキはほとんどラインの抵抗を受けずにまっすぐ落ちてくれる。ストレートダウン力はパンチショットが最高で、一番速くボトムに到達する

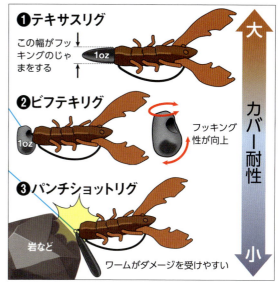

❶テキサスリグは最もスナッグレス性能が高いが、シンカーの幅がフッキングの邪魔をしてしまう。
❷ビフテキリグは、テキサスに次ぐカバー耐性で、かつ、シンカーがラインを支点にして振り子のように可動するのでフッキング率は向上している。
❸パンチショットリグは、このなかでは最もカバー耐性は低く、ワームからカバーに接触していくのでダメージを受けやすくハリ持ちが悪い

が食う率は高くなるんですよね。軽くスタックさせつつ、ポン！って抜けてくるというのがビフテキのよさでもあります。そういう意味でもビフテキのあの形状はいい。僕も最初はすごく抵抗があったんですよ。リグとしてかっこよくないな、と思ってたんですけど、テキサスにくらべて手返しもフッキングもあからさまによくなった。パンチングでかつてはすっぽ抜けがめっちゃあったんですが、それが皆無になりました。

使う場所は従来型テキサスをするような場所全部です。ホテイアオイをパンチングするときとかもテキサスにくらべてひと回り軽いウエイトでスコーンと入ります。アメリカでもビフテキに助けられてる

感はあります。一段軽くてもドーン！と入ってくれるんで手返しがいい。それは大きなメリットです。ビフテキを使い出してからテキサスに戻すきっかけを今も失ったままです。最初はいろいろ使い分けてたんですけど、今は全部ビフテキでいいや、って思っています。

リグの中身。リューギのタントラムコントロールに同TCキーパーをセットしたフックを使用。ラインも太いPEという、パンチングに匹敵する剛力仕掛け

ポストスポーン以降、3.5〜7gの軽めのシンカーで、近距離のウィードパッチに絡ませながら落とすメソッドで近年驚異的な釣果を叩き出している

第4章 カバーを撃つ

ラバージグは魚になりました

琵琶湖のスコーンリグブームなどですっかり定着した感のあるスイムジグメソッド。日本でも90年代からフットボールジグを用いた流派が存在した。琵琶湖のウィード増加に伴って、アメリカンスタイルのガード付きスイムジグに合流した感がある。ジグストなど、使い方のバリエーションも広がりを見せている

Swim jig
スイムジグ

カバーを横に貫く、スイムジグ。キムケン流は速めがキモ

スイムジグ、とひと言で言っても、ゆっくり巻き、高速巻き、カバー撃ちからの巻き、ジグスト……と、わりとなんでもできてすごく便利なリグです。全レンジ対応なので、もし1個のルアーで1年間釣り切れと言われたら最有力ですね。

なぜスイミングにラバージグを使うかというと、まずフッキング率が高いから。これは大きなアドバンテージです。テキサスなどにくらべてジグを使ったほうがルアー姿勢は安定します。ラバージグはアイに角度がついているのでひっくり返りにくいし、角度次第ですり抜け重視、レンジキープ重視など、使い分けることも可能です。

僕は原則的に魚だと思って使っています。基本、横に動くモノに反応するバスをねらって釣る。なので、クランクベイト同様、スロー巻きで使うことはあまりありません。他の人より重いジグを使って、一段スピードを上げて使います。アメリカでの試合中、プラではバンバン釣れていたのに、マッディリバーがクリアアップしたタイミングに試合が重なり、急

デプス／コンツアージグ＋バークレイ／パワーウィグラー
アメリカンとジャパニーズが程よくミックスされた現代のスイムジグ。カバーを撃ってからのボトムズル引きや中層スイミングなどなんでもできるので、全国的に浸透したメソッド

ミドルサイズバスに丸呑みされたコンツアージグ。スイムジグのフッキングは非常によく、上アゴの奥にドスッと刺さることが多い。しっかり食い込むときはオフセットフックタイプのジグでもいい

に小バスしか食わなくなった。「バス、いなくなったんかな?」って思っていると、コアングラーが急に速いスイムジグを巻きだしたらバンバン釣れだして……あ、結局見切られていただけなんだ、と。プレッシャーが低いといわれてるアメリカでも、速いベイトを食ってるときにゆっくり動かしても食わない。きっちりスピードを出す。ジグをジグと認識させた時点で負けなんです。一段スピードを上げるというのは究極のキモかな。

亀山湖の取材で、スイミングで結構釣っていたのだけど、今だにジグの売れ行きを見ていると、みんなわかってくれてへんな……って思う。1/2や5/8オンスで釣ってたのに、3/8オンスばかり売れるんです。しかも、1mくらいのシャローで5/8オンスで食わせていたのに。みんな、バスにルアーを見せるっていうことに対するリスクをリスクとして感じられているかどうか? 「いやー、プレッシャーが高いからさ……」というのを理由にゆっくり巻こうとするのは逆です。アメリカ人はそのへんの感覚が大きく違います。リアクションっていうのを一般レベルのアングラーでも理解している人が多い。日本人はまだまだエサ釣りの感覚が残っていて、ルアーカルチャーとしてそこが根本的に違うんです。

コンツアージグにパワーウィグラーをセット。トレーラーとスカートの色調は近いものに合わせている。スイミングで使うなら、ブラシガードの上側を何本か根元でカットした方がフッキングがよくなる

**デプス／
ハイパーフットボールジグ
＋バンブルシャッド**

「なんしか便利ですよ」

フットボールなどもアリ

スイミングで使うのはコンツアージグだけではない。たとえばスカートがないジグヘッド形状のバンブルヘッド。スコーンリグが大流行したころに登場した、よりスイミングに特化したリグで、「もしかしてスカートにスレてきてるのでは?」という場面でもよく釣れた。

デプスのハイパーフットボールはジャパンオリジナルな、スイミング用ジグ。深く入ったアイの位置がリグ全体のセンターバランス保ち、浮き上がることなくレンジキープさせやすい。

早春の3月下旬、晴天ベタ凪。本来はライトリグを投げるべきコンディションだったが、春の釣りを押し通し、各種スイムジグで50cmアップを連発させた。写真はルアーはコンツアージグ5/8オンス＋パワーウィグラーでキャッチした太いバス

第4章 カバーを撃つ

スイムジグの新たな支流、ジグストとはなにか？

　ジグストはなんしか便利な釣りです。基本的な考え方は「アクションさせるスイムジグ」なんですけど、僕が勝手にジグストと言ってるだけですね（笑）。アメリカでは昔からやってる人がいて、人によってはパパパン！って上げてからフォールさせて、とか、それぞれ個性があります。僕は一定のリズムで動かすことが多いですけどね。ボトムか中層か、魚がいる場所がわからないときに、とりあえずオールレンジを探れます。フォールでも探れるし、上げの軌道でもリアクションスイッチを押せるし、ベイトフィッシュを食ってるのもザリガニを食ってるのも両方拾っていけます。しかもカバーも絡められるので、すごく便利。僕も状況がわからないときはジグストばっかりやってますね。

　アメリカ人がカバーを撃ってからパパン！パンパン！ってやってる人のジグを見ると、「え、5/8オンスなの!?」って驚くくらい、結構重いんですよね。琵琶湖のウィードをコリってやって外して……みたいなちんたらしたスイミングではないです。琵琶湖でも僕はひと回り重いウエイトでスピードを上げて食わせることが多い。ゆっくり使ってしまうとデカい個体ほど見切られてしまうんです。ゆっくり巻いて食ってくれるときは楽勝な状況ですね。ジグストに限らずですが、コンコンっていうアタリでバスが離してしまうときはスピードが遅すぎます。半信半疑バイトが出ている時点でそもそもアプローチが間違っているんです。

厳冬期の1月下旬の琵琶湖北湖。コンツアージグ5/8オンス＋パワーウィグラーのジグストでキャッチされたナイスコンディション。南湖のバスに比べ、北湖バスはストライクゾーンが狭いが、そのなかでも誘えるジグストが有効

教えて！ジグストQ&A

Q ウエイトの基準はどれくらいですか？

A 3/8オンスがベースになりますね。よほど浅い場所なら1/4でもいいんですけど、クリアなリザーバーなら1/2以上しか使いません。そんな甘いヤツおらんやろ、っていう認識が僕のなかにあります。あと、あまりゆっくり引いてしまうと釣れるサイズが下がってしまうんです。

Q トレーラーはなにがいいですか？

A あまり抵抗が強すぎてもダメなときもあれば、強めで移動距離を抑えた方がいいときもある。それは適材適所です。僕は、クリアなときほど水押しが弱めなシャッドテールを使うことが多く、その究極はピンテールです。逆に、どちゃ濁りだと、フラップ系とかダブルテールとか水掴みのいいワームを使いますね。

Q アクションのつけ方は？

A 基本、ロッドでしかルアーのウエイトを触らない。これがキモです。糸フケを取りすぎる人はルアーが動きすぎるんですよ。動作はずっと「拍手」していると思ってください。一定の、拍手のリズムで、ずっとロッドを当て続けて、ティップが手前にずれてきたらリールを巻く。リーリングは基本一定です。ミドストの延長線上にあるのですが、僕の場合、どこでやってもテンポとアクションは一緒なんです。ただ、ジグのウエイトを替えているだけ。まあ、頭で深く考えるものではないです。拍手するときに、右手と左手のリズムを考えます？

Q どんなバスに有効ですか？

A ストライクゾーンの狭いバスに効きます。琵琶湖でジグストが有効になるタイミングを1年間調べたんですが、ひとつは濁ったとき。もうひとつはネストです。ストライクゾーンが狭い魚に対してタテの軌道で誘えるので、バイト数が増える。エビモパッチとか漁礁とかですね。ただ、琵琶湖の場合は追わせた方がデカい魚が食うことが多く、その場合はただ巻きでOK。リザーバーとかだとジグストの方が効く場面が多いです。

トレーラー選び
水がクリアならば弱めのシャッドテール、さらにピンテールに振る。濁り時などアピールを強くしたい場合はフラップテール、ダブルテールなどをチョイス

日本式フットボールジグ
Japanese style football jig

古来から日本で「フットボール」と呼ばれるタイプのジグは実はアメリカではあまり見かけない。ときにデカバスに対して非常に有効になる、和風メソッド

まっすぐ落とせて、繊細に誘える、ワビサビジグ

キャリラバを発祥とするジャパニーズフットボールジグは、ストレートダウンさせてから小刻みにアクションさせてボトムを探ることができます。ラインアイが内側に入っているので、とにかくストレートダウン力が強い。アメリカ系のフットボールだと、アイの位置が浅いため、スライドフォールしてしまいます。アメリカだとブラッシュパイルが多いので、ジグのヘッドにカバー耐性を持たせてあるからです。

日本式フットボール、僕は大好きなんですよね。ダウンヒルであそこまで細かくボトムを探れるルアーは他にはネコリグとパンチショットくらい。ジグではこれが最強です。

スイミングに特化した、ハイパーフットボールは浮き上がらないスイムジグ。オープンウォーターに浮いてるバスを食わせる独特の発想ですね。

スーパーヘッドロックジグ3/8オンス+ベコンクロー。春のザリガニ食いバスを、ハードボトムの斜面で誘うためのスペシャルメソッドだ。無数に刻まれたヘッドの歯型がその威力を物語る

Bait finesse ベイトフィネス

かつてはスピニングタックルでしか扱えなかったライトリグを、ベイトタックルで投げられるようになった革新的メソッド。ある程度太いラインを使ってライトリグを扱えるようになったが……さて、木村建太は使うのだろうか?

ライトリグをベイトで扱える。これもジャパンオリジナルなのだ

ひと回りちっちゃいバスを食わせられる釣りですね。実は、アメリカのトーナメントで使っています。ラインをひと回り太くできるんで、ライトリグでカバーを撃てるという、それだけの理由です。アメリカではネコリグだとテンポが悪すぎるのと、スタックが多すぎて使えないことが多いので、ライトテキサスで使っていますね。キーパー1本で順位が入れ替わるとか、本当にシビアな状況で。レッドリバーなど、バスが薄い水域だと「全部釣っちゃえ作戦」が有効になるので、ベイトフィネスを使います。ウッドカバーで、1/8オンスのテキサスリグをあまり動かしたくないな、っていうときに。日本でも汎用性の高さゆえ、いろんなところで使いますが、メインにすることはありません。

バークレイ／ディワーム5.5インチ
ボディが細めのストレートワームで、ネコリグで多用する。一見なんの変哲もない形状だが、味とにおい付きのボディ素材パワーで、冬でも魚を寄せることができる

K² column 04

たくさんあるけれど……どれを選ぶべき?
ルアーカラー

グリパンはちょい茶髪の美少女?

僕はカラーにはあまりこだわらないです。カラーチェンジはキャスト数を減らす要因になるので、それは避けたい。「今はこれやな」って決めてしまったらよっぽどじゃないとキープキャストですね。ルアーを結び替えるよりもキャスト数を増やすことの方が大事なんで。でも、大幅に外しているな、って感じるときはカラーを変えることもあります。それは釣り人個人の経験によって培われる感覚であって、僕がこう言ってるから、というよりもみんなのなかに基準を作った方がいいんじゃないかと思います。

川村光大郎さんと一緒に釣りをしてたら、「こんなにローテーションするんや……」って驚きました。こればっかりは人によって違います。「この娘かわいいな」って思ったら髪の色なんて気にしないでしょう? その感覚です。でもたまにいるんですよ、バスにも。「この髪型じゃないと無理やねん……」っていうフェチが。でも、僕は大枠と雰囲気が合っていれば食うと思っているので、カラーにこだわるのは最後の最後の最後。ゆっくり見せる釣りのときは多少気をつけますけど、リアクション系の釣りはあまり気にしない。ワームの色は結構試してみますが、巻きモノとか浮くモノはむしろキャスト数優先。

どういうときにどういうカラー、というのは季節やルアーによりますね。たとえば、赤は春や夏に多用しますね。冬でもメタルバイブやジャークベイトにはよく使います。ワームも使う色はルアーの種類によります。グリーンパンプキンが釣れるといわれるのも、昔のバークレイのグリパンが釣れまくってただけだと思ってるんで。フィールド環境によっても釣れる色って全然違います。

グリパンに代表される緑っぽいのは女の子でいうとちょい茶髪くらい。そのへんが間違いのないところなんやろな、と。「髪、ピンクかよ!」っていうほどのぶっ飛び方はしていないので、多数派には受け入れやすいかもしれませんね。

フロッグはブラックとホワイトが僕のベースカラーですね。ただ、よく「おすすめカラーはどれですか?」って聞かれるんですが、カラーラインナップに入ってる時点でおすすめなんですよ。

春のクランクベイトだけでなく、真冬のジャークベイトやメタルバイブでも赤を多用する。赤はバスにとって視認性の低い色だと思っている

第5章

巻いて、食わせる

「効率のよさというメリットもなくはないのですが、それに頼った巻きモノというのは間違った考え方です」、そう木村建太は言う。いわゆるバスフィッシングの教科書では、「広いエリアから効率よくバスを探す釣り方」、として紹介されるのが通例となっている巻きモノだが、それだけでは巻きモノの真の実力を見誤ることになる。絞り込んだスポットを巻いて連発させる、それこそがキムケン流の真骨頂だ。

第5章 巻いて、食わせる。

クランクベイトの秘密

㉙

All about crank baits

木村建太の巻きモノ術の絶対的な主役はもちろんクランクベイトだ。リップがついた丸っこいプラスチック（あるいはウッド）の塊をなぜバスは食ってしまうのか。形状、動き、使い方。木村建太が最も愛する巻きモノルアーの秘密へ、たったの6ページではあるが、深く潜行していこう

クランクベイトは一網打尽ルアー

巻きモノを広範囲に探るためのルアーだと思っている人が多いと思うんですけど、僕の感覚だとそうではないです。巻きモノで連発させてるときほどピンスポットです。エリアを流して50cmアップを10本とか釣ったことがない。たしかに、バスが溜まってる場所を見つけるまでは流しながら釣ることもありますが、見つけてしまったらそのまま巻きモノで連発させてしまうんです。そこでワームを投げたらもっと釣れるかも……なんてことはないですね。ワームだと見切られて終わりです。お客さんがワームを投げようとしたら「プレッシャーかかるんでやめてください」って言いますよ。そのあたりはエサ釣りの延長線上としてルアーを考えている人が多いのかな？ 巻きモノだと場荒れすると思ってしまうかもしれませんが、ワームの方がプレッシャーがかかると思うことが多いです。

クランクベイトは投げてなんぼ。キャスト数を出せるのが大きなメリットです。カバークランキングでも、いいカバーほどクランクをしつこく通す。そこにワームを入れてしまうと、一撃で終わってしまうんです。でも、クランクならスイッチが入るまでやり直せる。「ここでダメならこっちの角度か……あ、食った！」ということがよくありますから。基本的にアピール力の強いルアーなのですが、食わせの力を表現できるツボが一瞬しかないので、一撃で食わせられないこともある。なので、ここだな、という場所に何度も入り直してアプローチするというのは日本ではよくあります。最終的に食わせるポイントは

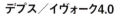
デプス／イヴォーク4.0
木村建太プロデュースのマグナムクランク。そのサイズならではの集魚力で広範囲を探る……というわけではなく、ウルトレックスでポジションをキープしたままピンスポットから連発させる、という使い方で爆発的な釣果をあげている

ここやな、って絞り込めたときの連発性能はとても高いので、一網打尽系ルアーだと僕は思っています。それが、ただ巻きなのか、高速巻きなのか、ワーミングなのか、浮上なのか……食わせるツボを見つけるための幅が他のルアーよりも広いのが便利なんですよね。

琵琶湖に浮いている落ち葉。湖流が反転して緩む場所に漂っていることが多く、ユスリカがハッチするポイントと被ることがある。魚探には映らない重要なヒントだ

比較的浅い場所にあるエビモパッチへ、クランクベイトを何度も通す。ワームなら1度入れて食わなければ終わりだが、クランクなら何度も投げてスイッチを入れることも可能

17年から導入したウルトレックス（エレキ）。スポットロックという自動停泊機能が、沖のクランキングの精度アップに大きく貢献。強風のなかでも同じ場所から何度も正確にピンを直撃できる

南湖東岸シャローでイヴォーク2.0が実力を見せつけてくれた10月上旬の晴れた日

第5章 巻いて、食わせる。

ストライクキング／10XD
突如現われたマグナムディープクランク。重量2オンスオーバー、潜行深度7.5m以上という規格外のスケールで、抜群な飛距離は出るものの巻き抵抗も大変なもの。筋トレクランキングに耐えた者にだけ突然のデカバス連発というボーナスが待っていたりする

現在のイヴォーク3兄弟。上から、4.0、2.0、1.2。発売されたのは逆の順番。ボディ形状は同じではなく、サイズによって変えている

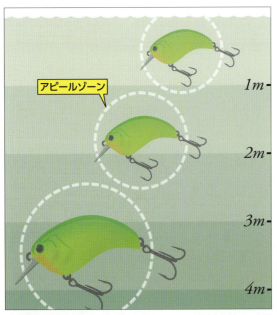

潜行深度が深まるにつれ、光は届かなくなり、ルアーは目立たなくなる。上下左右にアピールゾーンを広くする必要があるため、リップを大型化するのではなく、ボディサイズをアップさせる、という方法をイヴォークシリーズでは採用した

重要なのは大きさだった

　クランクベイトの潜行レンジにこだわるというのは当然なんですけど、それはキャストの距離でもコントロールできるし、レンジをバッチリ100％マッチさせないとアカンというシビアなルアーでもないんです。
　むしろ、大事なのはサイズ感。たとえば、10XDってディープウォーターを潜らせることが最初のコンセプトだったと思うんですけど、そのためにはボディを大きくしないと安定してディープレンジに潜らない、というのが理論上のなりゆきだったと想像します。しかし、結果的に10XDが今だに釣れる理由って、あの巨大なサイズ感だと僕は思っています。イヴォーク1.2と2.0を作るときに、自分のなかで迷った時期があったんですよ。1.2という一番小さなサイズが第1作目だったんですけど、2作目を作るとなったときに、1.2のボディプロファイルのまま2.0を作るか、もしくはボディを大きくして2.0にするかで、ひと冬テストに費やしていました。その結論として、大きくしたほうが釣れるバスの数もサイズも明らかによかったんです。クランクベイトの潜行深度が深くなるにつれて、アピールゾーンを横にも広げてやらないと、その比率とバランスの計算が合わなくなってしまう。つまり、シャローなら寄せる力は必要ないんだけど、深くなるほどにルアーのアピールゾーンを広くしてやらないと等倍のアピール力にならない、というのが僕の頭のなかの計算式なんです。

表面
前面
裏面

デプス／イヴォーク1.2
ボディ後方上側に浮力を持たせ、リップ位置は平均的なシャロークランクよりも上に付けられている。ピッチが速くなるとバランスを崩しやすくなるのだが、リップと浮力の中心を離すことでうまく動きを制御させることに成功。1.2はただ巻きでテール側のフックにかかることが多かったので、後ろのフックを大きくしている。それによって飛距離も向上した。2.0、4.0に限っては、フックサイズを1番ずつ下げるとウィードレス効率が上がる

イヴォークのコンセプト

　イヴォークは、ABSでバルサウッドのアクションを目指したところがあって、ピッチの速さを追求したため、ああいう形に行き着きました。動きを最強の方向へ振っています。イヴォークはあえてピーキーに作っているんですよ。1.2なんか究極のピーキーで、ちょっと精度が崩れると左右にそれてしまうくらいギリギリのバランスまで持っていきました。

　もう最近はイヴォーク以外のスクエアビルはあんまり使わないです。当然僕の息子ですから、僕のスピードに合わせて作っています。もし、ゆっくり巻きたいならブリッツを使った方がいいと思いますよ。潜行角度の深いクランクのほうがゆっくり巻いても泳いでくれるんで。それよりも、僕はピッチ、障害物回避性能、潜行角度が浅いゆえのスタックの減らし方、というのを重視しています。リップの形もいろいろ試した上で決めて、ここであれば一生困らんな、っていう位置にアイを打っているんです。

ウィードが生えた2mレンジでも2.0で果敢に釣りまくる。キャスト距離を抑えめにして、スタックさせないような使い方をしていた

木村建太にとってイヴォークは漁具。ピアストレブルを標準装備させることは絶対に譲れなかった。「クランクベイトを好きな人には『眺める前にフックを替えろよ』と言いたい（笑）」

第5章　巻いて、食わせる。

獲るための、クランクベイト使用法

クランクベイトの巻きスピードは全開。大げさではない。ローギヤリールを使って一日中全力で巻切るのがキムケン流。翌日の筋肉痛は覚悟しよう

　僕がクランクベイトを巻くときはローギヤリールを使って全開巻きですね。基本的に、人間が巻くことができるスピードはベイトフィッシュの本気の泳ぎに比べたら全然遅いですよ。ゆっくり巻いて「ガン！」って食ってくれるときって、魚がスレてないかバグってるかという状態だと思っています。つまり、プレッシャーが高ければ高いほど速く巻く必要がある。だって、絶対にエサじゃないんですよ、クランクベイトは。プラスチックにハリがついているんです。食っていいわけないモノを食わせなければいけない。もし1投で追いつけないんだったら、もう1投したらいい。そのほうが絶対にデカいバスが釣れる確信があるんです。僕だってゆっくり巻いて釣れるんだったらそうしたいですよ。そのほうが圧倒的に楽だから。それでは釣れないから速く巻かざるを得ないというのが本音です。

　基本はただ巻きですが、もちろんモノに当てます。当てないクランキングはほとんどしません。当ててから、そこについているバスにどう接するかというのが重要です。食ってるエサが細長い系のベイトフィッシュ主体であればそのまま巻き通したほうがいい。でも、ブルーギルとか止まる系のベイトを食ってるとき、もしくはベタ凪のときは浮上を入れたりして食わせにかかります。

　そして、モノに当てるときの理想的なスピードというのが各クランクには存在しています。イヴォー

巻いていてなにかに当たったら、チャンス。バスは獲物を障害物に追い込んだと思い込んでいるだろう。そのまま巻き切るか、浮上で食わせるか？

クなど、わりと浅めの角度で潜行するスクエアビルタイプであるほど速いスピードで当て続けていいんです。これは鉄則。浅い角度で潜るクランクほどモノにも浅い角度で当たっていくので、当たったあとに態勢が戻るのも早いです。急潜行タイプほど当たった後の跳ね返りが強いので、水面まで飛び出しやすい。そうならない絶妙なスピードというのが各ルアーには存在しています。いろいろ試しながら釣る人も結構いるんですが、僕はあまりルアーを替えませんね。魚にとってのベストスピードを探すよりも、自分のスピードに魚を合わせていく、という考えを持っています。それには慣れたクランクを使い尽くすのがベストだと僕は思っています。慣れた道具って仕事道具でも大事じゃないですか。僕にとってクランクベイトは仕事道具ですから。

　各種クランクベイトの性能の違いなどを語るオタクな人たちには、「そのなかのひとつでも、湖全域を巻き尽くしたことがあるのか？」と言いたいですね。

12月末、雨が降ったあと琵琶湖には流入河川より雨水が入り、マッドラインを形成していた。ベイトの動きを意識しながら、プロトだったイヴォーク4.0を巻き続けていると……食ったらデカい、62cm

ボトムに当てる、といえばウイグルワート。超ワイドウォブルクランクだ。テーブルロックレイクなど、他のクランクベイトは要らないくらい圧倒的に釣れる湖もあり、その存在感は今も衰えない。ただ、日本にはそこまでハマる水域はないようだ

ストライクキング／KVD 8.0。シャロークランクをそのまんま大きくしたような、バカバカしい雰囲気……。だが、その実力は数多のクランカーたちに衝撃を与えた、元祖マグナムクランクベイト。アメリカのショップのワゴンセールでお土産に買って、琵琶湖で投げたら……ものすごく釣れた

なぜ、クランクには
ローギヤリールなのか

　僕はマグナムクランク以外でも、ローギヤリールを使います。基本、クランクはローギヤ。理由は、まず楽だから。もうひとつは、ある程度リールのトルクでスタックしかけたクランクを抜いてこられるから。あとは、ファイト時にテンションが抜けにくい。僕がローギヤを愛する理由はこの3点ですね。ハイギヤだと岩とかにゴス！　って当たったときにハンドルから手が滑ったりするでしょ。それに、ハイギヤだと「これ引っかかりそうやな……」っていうのを巻抵抗から察知しにくかったりする。ローギヤなら引っかかる手前のラインがカバーにかかってる感じもつかみやすいです。

　巻きモノでもなんでもハイギヤっていう人もいますが……体力が持つならそれはそれでいいけど、琵琶湖でクランクをやったらそんなこと言ってられないと思う。本気のクランキングをなめてます（笑）。筋トレするつもりならハイギヤでええけど……そこまでせんでも、っていうのが正直なところですね。あと、ハイギヤだと魚がかかってからテンションが抜けやすくなるのも僕は好きじゃない。魚に首を振られやすくなるから。アーロン・マーテンスみたいに、「全部ギヤ比8でええねん」、っていう人もいるけど、僕は、クランクベイトだけはローギヤがいい。

ローギヤリールには自らプロデュースしたパワーハンドルをセット。ハンドルノブは指を3本かけられるほどワイド。圧倒的に力を込めやすく、疲労も軽減される

クランク用に積んだタックル2セット。ロッドはいずれもサイドワインダー・フェルデランス、リールはマグナム用にはレボ・ウインチ、レギュラーサイズ用にはレボ・ブラック6を使用している

浅めのエリアでイヴォーク2.0を巻いてキャッチ。速巻きで使うと潜りすぎてあっさりとウィードにスタックしてしまいそうだが、そこはキャストの飛距離を抑えて対応していた。もちろん速巻きだ

第5章 巻いて、食わせる。

低水温期の
タイトクランクベイト

「シャッド」というのはアメリカにはない日本独自のカテゴリーだ。歴史的名作、ラパラのシャッドラップが80年代前半に日本へ上陸して以降、あまりに釣れるせいか……シャッドというジャンルとして成立してしまった。その後、ベビーシャッドなどやや細身のサスペンド系が主流となり、現在に至っている。とくに低水温期に威力を発揮するとされる

Shad シャッド

食いついて離れない、低水温期のお助けルアー

シャッドはクランクベイトです。アクションを強くしたくない、低水温期用のクランクベイト。ただ、ボディは薄く作らないとタイトなアクションは生まれない。こればっかりはイヴォークでは表現できないということで、イヴォークシャッドを作りました。

低水温期にクランクを巻かないと釣れないような魚のいる場所って、だいたい薄いカバーなんです。少ないカバーを最大限有効活用すると「カバーへの食いつき」という要素が重要になってきます。

シャッドを語る上で、絶対に外せないのがシャッドラップという存在。あのハイピッチなタイトアクションで、かつストラクチャーへの食いつき性能が強いシャッド型クランクはシャッドラップしかなかった。普通のはボトムから跳ねてしまうんです。ボトムをズズズズズってなめるように泳いでくれて、硬いモノにコンって当たってもまた食いついてくれる。プアでクリアな状況でもシャッドラップだとスイッチが入ってしまうんで、すごいな……と。唯一

デプス／イヴォークシャッド

デプス／イヴォークシャッドMR

木村建太がプロデュースした、シャッド2種。一見、同じく見えるが、リップの形が違う（次のページ参照）。ボディ形状はほんの若干MRの方が薄くしてあるが、1mmも変わらない。少ないバイトをモノにするため、前後ともピアストレブル#7を装着している

低水温期の軽いバイトもピアストレブルでしっかり獲る。ベイトタックルにデカバスが来ても問題なくランディングに持ち込める

の弱点は「飛ばない」ということで、スピニングじゃないと扱えなかった。

　イヴォークシャッドを作るに当たって「ベイトで投げられるシャッド」というのをコンセプトに掲げ、シャッドラップをマッシュアップしたという経緯があります。なので、リスペクトはオリジナルのシャッドラップ。アメリカで修行していたときに、キーホルダーとして売られていたシャッドラップを大量に買い込んで、切り込みを入れてさまざまなリップを挿して潜行深度別にいろいろ作っていました。ネイルシンカーをバルサボディに挿して浮力調整したりして、自分の欲しいレンジ感を突き詰めていました。

　イヴォークシャッドを開発中に、最重要視したのはボトムへの食いつき性能と飛距離。イヴォークシャッドのオリジナルはフル全開のスピードでボトムをコツコツコツってやっていてもずっと食いつきっぱなしです。すべての消波ブロックのトップに当てながら引いてこられるようにしたかったというのもあって、この形になりました。比較的ピンスポットに対してコンコンしたいときはイヴォークシャッドMRの出番です。オリジナルとは潜行深度の違いからMRという名前になっていますが、外見上の違いはほぼリップの形状だけです。ちょっとだけ水受けを強くして、下へ下へとやや急潜行するようにしたという、それだけの違いです。イヴォークシャッド・オリジナル自体が高速巻き用なので、ちょっとピッチを上

左がオリジナル、右がMRのリップ。MRの方が水受けが強く、10ポンドラインで2mほど潜行させることができる。オリジナルは1.2mほど。潜行角度はオリジナルが浅く、MRが深いので、連続する消波ブロックなどに食いつかせるなら前者、ピンスポットをねらうなら後者がやや向いている

イヴォークシャッドに引っかかってきた本物のシャッド。レンジもサイズも見事なマッチ・ザ・ベイトが成功している

げたいときはMRを使ってもらえるといいと思います。いずれも、自分にとってシャッドとはこういうものだ、というのを作ったつもりです。自分がそのジャンルをどう捉えているのか、どこに重きを置くのかが形になっています。

イヴォークシャッドで低水温期にキャッチ成功。油が滴るような、真冬のフィッシュイーター。見事なプロポーションだ

第5章 巻いて、食わせる。

圧倒的な飛距離と速巻きしても破綻しない性能で、サーチベイトといえばまず最初に名前が挙がるのがバイブレーション。ただ巻いているだけで釣れてしまうシンプルさはクランクベイト以上だ。木村建太も琵琶湖やため池攻略には欠かせないという

不滅の
スピードスター

Lipless crankbait
バイブレーション

高速で泳ぐベイトフィッシュを
イミテートする

　リップレスクランクベイトといいますが、クランクではないです。クランクベイトとはそもそも構造的に似て非なるもの。リップがなくて、背中に水を受けての超タイトウィグル。クランクベイトが得意でバイブレーションが苦手なことは障害物回避能力。その逆は、ハイピッチな細かい動きで一定のレンジをひたすらキープし続けられること。それがバイブレーションのポイント。あと、スピードが出しやすいというのも大きなメリット。そして、必ずしもただ巻きだけのルアーではなく、上げの軌道が最終的に効いてきます。

　バイブレーションはベイトフィッシュに特化したルアーで、クランクよりもよりハイスピードにすごく広いエリアをカバーできる。その反面、ピンスポット攻略にはあまり向かない。それでも最終的に食うところは決まってくるんですが、クランクほどでもないです。クランクはボトムのデコボコした変化

デプス／MSバイブ
デプス初の純粋インジェクションバイブ。低重心に抑えられたボディフォルムは、浮き上がりにくくレンジキープもやりやすい。上げ軌道の速巻きも、ボトム付近でのリフト＆フォールも対応する。前後にピアストレブルが採用されていて、ロングキャスト先でのバイトにもビシっとフッキングが決まるはずだ

にピタってついている魚をねらうケースが多いんですけど、バイブレーションはウィードトップ側の変化についた魚をねらうことが多い。僕は、バスの目線より上を引いてくるというイメージを常に持っています。技術的にはなにも難しいところはないんですが、クランク以上にルアーローテーションします。スイミングジグのウエイトを替えるのと一緒ですね。

キムケン的使い方と、投げるべき時と場所

　僕のおもな使い方は、上げ軌道発動型スタイルです。着水したら、2〜3秒フォールさせてガーっと上げてくるイメージでスピードを上げる。目線から上に外していくようにして、バスに追わせて食わせるんです。これもルアーをしっかり見せてしまうとしょせんフック付きプラスチックなので非常に魅力のない物体です。なので、ガン見させないようにスピードを上げて食わせる。みんなが思っている以上にバイブレーションは上に向かって泳いでいます。あとは、リフト＆フォール。ブルブルっと上げて、スーって落とす、の繰り返し。上げ軌道でスイッチが入って食ってしまいます。

　バイブレーションが効く場所というのは、原則はフラットでストライクゾーンが長くとれるシチュエーション。かつ、ベイトを追い回していて、横移動のルアーに反応すること。皿池タイプの野池は、フラットで長い距離を一定のレンジで追わせることができるので向いていますね。もちろん琵琶湖のウィードフラットでもマストルアーのひとつです。

　時期は、とくに琵琶湖では圧倒的に晩秋が効果的。ターンオーバー後や台風後。濁りが入るのと、横移動系のベイトフィッシュがシャローに入ってくるタイミングです。ただ、そういう場面では最近はチャターと迷うことがよくありますね。どっちかな？って。とはいえ、琵琶湖では今だに色褪せないパターンとして存在しています。

バイブのレンジ別使い分け

浅 ↑

ダイワ／T.D.バイブレーション74S

ヨーヅリ／ラトリンバイブ

エバーグリーン／ブザービータータングステン

デプス／MSバイブ

ラッキークラフト／LV-MAX500

↓ 深

バイブレーションのレンジコントロールは巻きスピードで調節するよりも、ルアーをローテーションさせるほうがいい。上は琵琶湖で使うときのローテーション例。LV-MAX500が一番深くまで使えるがそれでも4mまではカバーできない。木村建太の巻きスピードでは3mまでがバイブの守備範囲となる。なお、表にはないが、Newバイブレーション-XがLV-MAX500の次に深い。MSバイブとブザービータTGはあまり差がない

11月上旬。風が吹いてマグナムクランクの浮上パターンにバスが反応しなくなった。風裏の濁りが溜まっているウィードフラットでブザービーターを巻く作戦に変更すると……ナイスバスが連発

第5章　巻いて、食わせる。

Jerk bait ジャークベイト

厳冬期は中層が熱い

ビッグベイトに並んで、見た目が最もベイトフィッシュに近いハードベイト。夏から秋に変わり、バスの食性が魚食性に変化してから春先までがおもな出番。木村建太はとくに寒さの厳しい1〜3月に多用している

真冬にこそホットに活躍する、ゆるゆるジャークベイト

その名の通り、原則、ジャークして使うルアーをジャークベイトと呼びます。チャンチャンチャーン！……と、ジャークして止める、を繰り返すルアー。ジャークベイトのよさ、まずは細長いフィッシュライクなシェイプですね。もうひとつはよく飛ぶこと。冬の後半によく使うのですが、この時期、雪解け水が入ると、中層にサスペンドしているバスは思いのほか浅いレンジにいます。なので、琵琶湖では130サイズをロングキャストしてねらいます。僕は結構好きなルアージャンルで、とりわけギンギンに冷え込んだ最低水温の時期が一番好きです。2月以降、雪代が琵琶湖に入ったらジャークベイトと覚えておいてください。南湖にワカサギの接岸が絡んでくるとかなり熱くなります。

低水温期のジャークベイトは緩めのジャークで誘います。フワ、フワ、フワっと、サオ先を置くくらいの超やさしいジャーク。パン、パン！というジャークではなく、ラトルのカランって音も鳴らないく

1月くらいの最低水温期からジャークベイトが頼りになる。サスペンドミノーというと早春のイメージがあるかもしれないが、むしろ真冬のパターンだ。雪や雨が降る日はとくに強い。ただし、風には弱い。ベタ凪の方がベイトもバスも浮きやすいのだ。風が吹いたらクランクベイトの方がおすすめ

らいの。アクションはいらないです。霞ヶ浦のワカサギパターンみたいにモノに当ててゴツゴツやるときはアクションがあった方がいいので、チューニングしないで使うのですが、冬はちょっといじります。

デプス／バリソンミノー130改

琵琶湖の冬スペシャルバージョン。ラインアイの位置を上げ、リアフックはフェザーに変更することによって、動かないジャークベイトになる。フックの向きを逆にして、軽いバイトでもフッキングに持ち込みやすくなっている。さらに、スピリットリングも1番手落として#2に変更。超スローフローティングとなり、冬バスも辛抱たまらずバイトしてくる

バリソン130の冬仕様チューニング

冬仕様は、バリソンミノーのアイの位置を持ち上げて、さらに一段深く潜るようにします。ただ巻きではフルフル〜ってロールする程度にアクションが弱くなります。これで充分です。ダートさせてしまってはよほど活性の高いバスじゃないと食ってこないです。さらに、フックは2本側が全部前に向くように付け直します。そうすることで、ステイ中のバイトでかけやすくなります。ちなみに、モノに当てていく霞ヶ浦水系の場合は一番前のフックを外してしまいます。リア2本だけで充分です。

さらに、バリソン130はピアストレブルにしていますが、スプリットリングは#2に落とします。ぴったりサスペンドよりも超スローフローティングの方が明らかに反応がいいし、僕は好きですね。そして、一番後ろのフックはフェザーフックに替える。これもアクションを殺すためです。それだけでウォブリングがかなり抑えられます。

1月くらいから使いますが、ベストは2月くらいの、他になにをやってもアカンやん、っていう時期。晩秋のころから、このエビモの柱は残るな……っていう目星つけておいて、来るべき真冬に備えます。とくに雪解け水が入ったころはジャークベイト最強伝説。ベイトのレンジがポンって浮くので、中層をゆるゆるジャークさせていると、ふわ〜っと浮いてきてドン！と押さえ込むように食いますね、ひったくるのではなく。

コンディション最高の極寒バスたち。この真冬のハードベイトの釣りはなかなかにおもしろい。覚えてしまえば琵琶湖においてシーズンオフはなくなってしまいそうだ

第5章　巻いて、食わせる。

2006年にアメリカのトーナメントシーンで、当時まだローカルベイトだったオリジナル・チャターベイトが大ブレイク。その後、日本でも各メーカーが追随したのはご存知の通り。今ではすっかりレギュラージャンルとして定着し、スピナーベイトやバイブレーションの座を脅かしている

騒がしいけど天然系

Chatter baits チャターベイト系

カチカチうるさいなぁ……と見上げると？

　チャターはインパクトギャップが一番デカいルアーだと思います。なによりもチャターの特徴は音。バスを呼べる音。金属が擦れ合うカラカラカラカラ……っていう音がして、「なんかおる！」って上を見上げたらすごくナチュラルなモノが泳いでるんですよ。このギャップは反則ですね。ピンテールがプルプルプルプルと超ナチュラルアクションなんです。上を向かせる力が強いわりに、見てしまったらめっちゃ魚っぽいやん……っていう。ブレードの反復運動でステンレスの稼働部分が凹んでくるくらい強い打撃音が出るんですが、アクションはピンテールだとテールが軽くプルプルするくらいしか動かない。視覚マジックによる食わせ能力が反則ですわ、こんなもん。
　ただ、決してセッティングが楽なルアーではないです。トレーラーが変わるたびにセッティングが変わってしまう。楽なのは、抵抗の強いトレーラーをつけることです。とくにババにごりのときは抵抗の

デプス／
Bカスタム・チャター＋デスアダー5インチ

チャター系ルアー選びで重要なのが、他でもないフックサイズ。デカいバスほどチャターを丸呑みするので、アワせた瞬間、ブレードで口をこじ開けながらフッキングが決まる。なので、ブレードにフックが当たるような大きさ（近さ）では、すっぽ抜けや浅い掛かりによる身切れが起こりやすい。Bカスタム・チャターなら完璧だ

強いシャッドテールなどをトレーラーに使うと後ろ側を抑えてくれて、かつ、ブレードは強く反復している状態。ピンテールなほどまっすぐ泳ぎますが、セッティングがシビアです。僕は瞬間接着剤で止めて、ちょっとテール下がりになるように反らせます。それによってグッと水を抑えてくれるので、アクションがしっかり出るし、トレーラーを平行になるよう

に安定させてくれます。まっすぐ泳がなくなったらブレードを曲げてトゥルーチューンが必要です。シャッドテールならブレードは曲げなくてもいいけど、ピンテールだとちょっとブレードを反らさないとまっすぐ泳がなくなりますね。

僕が思うチャターの最大のキモは、速めに巻け、ということです。なんでもそうなんやけど（笑）。みなさんが思ってるよりもこれが一番速いと思います。バイブと同じくらい。水面直下まで浮かせるイメージで、浅いレンジを速巻きします。深いレンジをトロトロ巻くならスイムジグでいいやんけ、って思いますね。

使い方は、3/8オンスで水面直下を全開に速いスピードで巻く感じでいいです。それでコケないセッティングにします。千鳥らなくて大丈夫。千鳥というのはリグの後ろの方が勝ってしまっている状態。モノに当たったときの復元力がチドるタイプの方が早いんです。それゆえにチドっている。僕は千鳥否定派ではないんですが、バランスを崩したらすぐに元に戻るようにしたい。優等生すぎるとコケたあとコケっぱなしになる。そういう意味で、チドらないギリギリのバランスが一番いいです。

ロッドはあまりガチガチなものではなく、けっこう曲がるもので、食ったら巻きアワセ。ハリ掛かりが浅いことがチャター系唯一の弱点です。

チャター系のトレーラー＆カラーはどうする？

Bカスタム・チャター＋サカマタシャッド6インチ

Bカスタム・チャター＋パワーウィグラー4インチ

トレーラーは状況によって使い分ける。琵琶湖ならばサカマタシャッド6インチなどピンテール系が多いが、それ以外ではサカマタ5インチ。もしくは、にごった水域ならシャッドテール系の抵抗の強いワームをつけてアピール力をあげる。スカートのカラーはデッドグラスなどホワイト系が好み。フロリダなどタンニン系ブラックウォーターではブラック系も使う

早春というかまだ冬のアメリカにて。マッドシャローの立ち枯れたハスやリーズのエリアでBカスタムチャターを使用していた。ハイシーズンだけでなく、低水温期のシャローでも音と動きのギャップパワーを発揮する

第5章 巻いて、食わせる。

Alabama Rigs
アラバマ系リグ

キミはあの扉を開いたか?

2011年10月のFLWツアーオープンにて、上位選手のほとんどがアラバマリグという名の奇妙な仕掛けを投じていたという。ネットの波に乗ってすぐに日本にも輸入され、あるいは個人によって自作された。それらアラバマ系リグにより恐るべき釣果が報告され続け、12月の琵琶湖はハイシーズンのようなボートの数だったという。木村建太もこのビッグウェーブに乗った

アラバマ系とは
もうひとつのビッグベイトである

　アラバマ系リグの衝撃から最初の1年くらいはそれしか投げる気がしませんでした。もう違うルアーを投げてて釣れないと「これアラバマやないからアカンちゃう？」って思うくらい。あのときに「いやー、アラバマはちょっと……」って言ってた人は大きな損をしたと思いますね。とりあえず、魚は釣ってみないとわからないことばかりですから。あのタイミングで魚探しも大いにできました。

　基本的に、アラバマ系はビッグベイトだと考えてもらっていいです。以前よりビッグベイターだった奥田学さんや山田祐五さんは出しどころ、使いどころなど、アラバマ系じゃないと食わせられないタイミングをよくわかっていましたね。ビッグベイトでは根本的にルアーサイズが合わない、でもパンチ力が必要……という状況。魚を寄せる魅力が必要だけど、ルアーが大きかったらアカン……そこにスパーン！と完璧にハマった。アラバマ系はベイトが小さい時期のビッグベイトなんです。だから、大きいベイトを食っているときはアラバマ系よりも普通のビッグベイトの方がいい。ギルを食ってるバスにはそれこそブルシューターやマグナムクランクを投げた方がいいです。

　残念ながら、今では最初のようなルアーパワーは一切ないと思ってください。でも、まだまだ使いどころはかなりあって、あそこにいるけど食わせるのが難しい、っていう場面はアラバマの出番です。ただ、他のルアーよりも非常に精度が求められる、一撃必殺系になっています。アラバマ系でもモノに当てないと食わない状況が多くなっていますから、キャス

ト精度に問題があったり、ボトムになにがあるかわからない場所であれば、周りをオフセットフックにして、真ん中だけジグヘッドにした仕様が僕のおすすめです。ハードカバーであれば意外にガッツリ攻めることができます。

　アラバマ系が効く場所というのは、わりと流れのある水域ほど威力を発揮することが多いですね。流れがあり、かつ、付き場がはっきりしている状況。琵琶湖でも釣れているときは、ウィードの柱がなびいている場所をねらっていました。カスミ水系もかなり有望です。晩秋から冬の時期は細かいベイトフィッシュを追いかけているのでかなりアリだと思いますよ。

　アメリカでは、ローカルトーナメントとかアラバマ系OKの試合では今も強く、とくに冬場は圧倒してますね。アメリカ人も「またファッキンアラバマリグの時期やな……」って言いつつも、使っていい試合はほぼ全員投げていますね。

茨城県・新利根川の大会にゲスト参加したときのこと。魚探にベイトの反応が色濃く出たマンメイドにアラバマ系を投入すると……あっさり食ってきた。水の色もよほどのにごりでなければ問題ないようだ

第5章 巻いて、食わせる。

Metal vib
メタルバイブ

低水温期の釣り方として完全に定着したメタルバイブでのボトムアプローチ。バスが低活性化する晩秋あたりから目に見えて効いてくる、お助けメソッドだ。かなり小さいボディなのに釣れるバスは大きいという謎のパワーも併せ持っている

現われては消える、ボトムのザ・ニンジャ

ボトムを使って視界から消す、唯一無二の食わせ系巻きモノ

　メタルバイブはボトムの釣りなんだけどボトムじゃない。ひと言で言うと、バスの視界から消せる巻きモノ。水面の、上側の視界から消せるのがフロッグならば、これは下側の視界からルアーを消すことができるんです。着底して倒れたときに、ボディの薄さで存在が消せるので、カバーの濃さも水の色も関係ない。なので、クリアアップに対して最高に強いんです。冬だけじゃなく夏場のハイプレッシャー下でも効きますね。
　メタル自体が極めて薄く小さいのが、釣れるキモ

なんです。着底してしまったらバスからは非常に認識しづらい。ブルン！ってボトムから一瞬上げて、バスに見せて、またボトムで消す。それを一定のリズムで繰り返していると、着底直後から追ってきていたバスがたまらなくなってガン！と食ってきます。しっかりルアーを見せてしまうとなにをやっても食わないような低水温期のクリアウォーターでも「下側の視覚効果」で食わせてしまう。他のルアーだと見切られてしまうけど、メタルバイブだとチラ見せをずっと続けられるので、「なんかわからんけど行ってまえ！」みたいな感じで食ってくるイメージですね。

　冬だから、低活性だから、メタルバイブで無理やり食わせた、という表現は間違っています。魚探を見ながら毎日釣りをしていると、バスがベイトフィッシュを追いだしたようなタイミングでこそメタルバイブで釣れるんです。思いっきりフィーディング使用します。フォールでも掛かってしまうマスバリみたいな繊細なフックがついているので、曲がるロッドを使うのは大前提です。ラインは12ポンドで、リールはドラグズルズル。硬いロッドで「おっしゃおっしゃ！」とポンピングするようなファイトよりも、曲がるロッドでドラグズルズルにしてテンションをかけ続ける方が、フックを曲げられるリスクが減るし、キャッチ率が高いです。硬いロッドだとポンピングせざるを得ないのでバスが暴れまくるんですよ。ゆるゆるドラグでテンションをかけっぱなしにすれば魚はそんなに暴れないものです。とにかく、フックが曲がると言っている人は大抵ロッドが硬すぎます。タックルが合っていればサーキットバイブの標準フックでロクマルでも楽勝で獲れますよ。

　メタルバイブは圧倒的にサーキットバイブが好きですね。ゆるゆるなリフトでも動いてくれるから。

デプス／サーキットバイブ

低速レスポンスが非常に優秀なサーキットバイブ。後ろ側のフックに掛かっていることが多いこともあり、繊細なダブルフックを上向きと下向きでふたつ装着させている。そのため、フォール中のかするようなバイトでもフッキングに持ち込んでしまう

左／極寒のアメリカ、岸釣りで遊んでいたらサーキットバイブで釣れた。アメリカでも関係なく冬のストロングだ　右／かするようなバイトをテールフックでからめとるようにしてフッキングが決まった。レッドギルが冬のお気に入りカラーだ

の魚をねらう釣り方です。また、小粒なわりに釣れる魚が異常にデカい。最も小さいデカバスルアーだと思う。これも視界から外せるという特徴によるものです。

　ルアーが小粒ということは搭載できるフックも細く小さいので、タックルセッティングは重要です。ロッドはある程度曲がるもの。僕はバーディックを優しくロッドを張るだけで動いているのがわかるくらい低速レスポンスがすごくいい。よく使うウエイトは1/4と3/8オンス。水深10m超えとか、よほど深いところでなければ1/2オンスはあまり使わないです。巻きモノでもメタルバイブに限っては、スピードではなく視界から消すことで食わせているので、そこまで重くする必要性はないのです。

第5章　巻いて、食わせる。

抜群の汎用性、誰でも釣れる**異形**ルアー

最もエサから遠いルックスといわれるスピナーベイト。ブレードのフラッシングでバスの捕食スイッチを入れ、アーム下側のラバージグで食わせるという二段構えの構造。最初に考えた人はおそらく天才だろう。アメリカ人の自由な発想力と合理性の両面を感じさせてくれるルアーだ

Spinnerbait
スピナーベイト

引っかからずに投げやすい、初心者の味方ルアー筆頭

　最もエサっぽくないルアー。効率面では最も理にかなっています。バス釣りの基本を覚えるルアーとして初心者にこそ使って欲しいです。キャストが決めやすいし、なによりも根掛かり回避力があらゆる巻きモノ系ルアーのなかで一番高い。バックラッシュしても引っかからずに回収できるし、木でもなんでも当てて巻くことができます。

　使うべき場所は幅広く、全レンジ対応。ウィードのなかもブッシュのなかもかなり強引に通せるし、汎用性の高さは他のどのルアーよりも上。ただ、アピール力は見た目ほど派手じゃないんで、浮かせる力はチャターには圧倒的に劣ります。最終的にはカバーに対してタイトなキャストが求められてきます。カバーに当てられるメリットを生かして、「この角度やばいかな？」っていうときでもブルン！って抜けてくる。そして、濁りでどうしようもないやん、っていうときでもスピスト（スピナーベイトをラインをパンパン叩きながらリーリングする方法）だとクランクベイトを超えるくらいのアピール力を発揮します。かつ、レイダウンの枝とかにも思い切り当てていけるんで、わけのわからない初場所などが出番です。そういうときが一番便利。

　ただ、チャター系の登場で大幅に使用頻度が下がっているのが現実です。浮かせる能力とスピードはもともとスピナーベイトの独壇場だったんですが、チャター系はさらに速いスピードでカバーしてしまいますので……。

　スピナーベイトも、速く巻いてモノに当てる使い方はクランクやチャター系と同じです。琵琶湖だと3/4オンスくらいがベースですが、ため池でも5/8オンスを使ってスピストで釣っていました。軽くして浮かせるよりも、沈もうとするモノを上げてきた方が強い水押しが発生するし、見切られるリスクも減ります。

スピナーベイトの座を大いに脅かしているのがチャター系。音とスピードでよりカバーの巻きモノの釣りを効率化できる。スナッグレス性能はスピナーベイトがかろうじて上か？

パンチでもフロッグでもダメな初秋のある日。ベイトが接岸しきっていないという中途半端な状況をスピナーベイトで巻き切ると……ナイスサイズを10尾以上キャッチできた

Big bait
ビッグベイト

2001年ごろから大きなブームが起こり、一度廃れかけたものの、S字系の登場などで復活＆定番化した。さらに、ジャイアントベイトの登場で過激化。寄せるパワーは文句なし。しかし、追ってくるだけで食わないデカバスをどうやって釣るのか、それが問題だ

札束並みの引力を、最後にどう生かすか？

デプス／スライドスイマー250
デプスが誇る本気のジャイアントベイト。ただ大きなだけのインパクト系ルアーではなく、速巻きでも破綻なく泳いでくれるなどその基本性能は高い。木村建太も開発に関わっていたことはあまり知られていない事実

オカッパリの方が実は食わせやすかったりする

「たぶんメモ帳だけど、札束だったらどうすんねん。本物かもしれんから一応見てくるわ……」という奥村和正さんの例え話をあげるなら、ビッグベイトは札束なんですよ。札束が厚ければ厚いほどバスは「一応、見てくるわ」となる。これがチェイスです。ただ、チェイスさせるだけなら誰でもできます。というか、チェイスさせてる時点で半分終わってます。たまにジャークすると食うヤツもいるけど。

チェイスしてきたら、モノに当てるというのが原則なんですが、僕がフローティングタイプを多用するのは水面という追い込み先、カバーを使えるという理由があります。チェイスしてきたときって、最後のきっかけを待ってるだけなときもあるんですよ。ええやん、ええやん……あ、追い込んだ！ みたいな。チェイスしてきたバスに対して食うきっかけをどう与えるのかというのはキャストごとに考えていないといけません。

利用するものがなにもないボートフィッシングであれば水面。でも、オカッパリなら最後の岸際の足元まで使えます。チェイスしてきたら後ろに下がりながら、最後は岸にドン！って当てることで最後のキッカケになることもある。

「(チェイスしてきた) 来い来い来い来い……もうちょい来い……よっしゃ！……」って最後の足元でバイトに持ち込める。ボートの場合はたとえば8トラップとかそういう技術力が必要になるんですが、オカッパリの場合は足元に追い込ませたらええやん、っていうね。こちらの身を物陰に隠すこともできるし、ビッグベイト全般は圧倒的にオカッパリのほうが釣れると思います。よく、「ビッグベイトはオカッパリだとキツいですよね？」とか言う人がいますが、いやいやオカッパリの方が釣れるわ！って思いますよ。両方やっている僕の本音ですね。

琵琶湖・野洲川沖の一見なにもない場所でスライドスイマー250をキャストする木村建太。デカいバスがいる確率は充分あるエリアだが、最後の食わせは水面を使うなどの工夫が必要

最速リーク!
木村建太プロデュースルアー情報

デプス／
イヴォーク3.0

順当にいけば、1.2、2.0の次に出るはずだったんですが、マグナムクランクがあまりにも釣れすぎて、先に4.0に着手したんです。イヴォークのコンセプトは、潜行深度が深くなるほど引く力（アピール力）も必要になる、というもの。2.0を作ったときに1.2のボディをそのまま深く潜らせるか、ひと回り大きくして潜らせるか……というのをひと冬ひたすらテストしていました。その結果、深くなるほどにボディサイズを大きくして引く力が必要なんだという結論に至ったんです。現状、3.0のポジションがスプーンと抜けている状態で、そこを埋めたいというのもあるし、4.0のビッグベイトパワーまでは必要としない状況もあるので。4.0は1回未来にタイムスリップして発売した感じ（笑）。イヴォークシリーズはこれでようやく完成です。

2.0や4.0との違いは単純にパワーの差なんです。大きくなるほどビッグベイトパワーが強くなり、小さくなるほど食わせの力が強くなる。そのなかで、今はここかな？というチョイスをしてください。ただ、基本的にスクエアビルは潜行角度が浅いのでゆっくり巻くのにはあまり適さないです。ゆっくり巻いても動くように作っていますが、高速で巻いたほうがお得、というのが僕の考え方。「2倍投げられたほうがええやん」、っていうね。

名前もなにも決まってません。ホントはまだ見せないほうがいいくらいの超試作品です。1年前からボディを削り出していますが、まだ全然プロト。あくまでこういうビジョンを持っています、という紹介です。ペラの形もまだまだ変わると思うのですが、現状でもあり得ないくらい魚を浮かせるパワーがあります。

もともとマスキー用ルアーのホッパープロッパーが好きで、それにプラスしてバズベイトのような金属音が欲しかった。それがミックスされると大きな違いが生まれるんです。水面感度の低い魚にも上を向かせられるというメリットがあって、かつ、水面で素速く動き続けて逃げていくという。音は大きなキモだと思っていて、水面を叩くチャポチャポ音と金属のこすれるキュルキュル音を同時に起こしたらそういうパワーがあるかな……と、今一番の意欲を傾けてテストをしています。

バズベイトは片方のペラだけではそんなに綺麗に回転し続けないんですが、ハードルアーならそれに耐える。ボディのベースはイヴォークです。ペンシルベイトのような円柱型よりもクランクベイト型のほうが倒れこみが少なく、回転しづらくなる。ちゃんとウエイトが下にあって、浮力が上にあるので、無茶なデカさのペラまで担がせられる、というメリットがあるんです。

デプス／
名称未定ノイジー

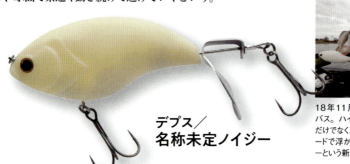

18年11月のテスト中にキャッチされたビッグバス。ハイシーズンの浮いてる魚を食わせるだけでなく、晩秋の魚まで持ち前の音とスピードで浮かせる力がある。ハイスピードノイジーという新たなジャンルに期待したい

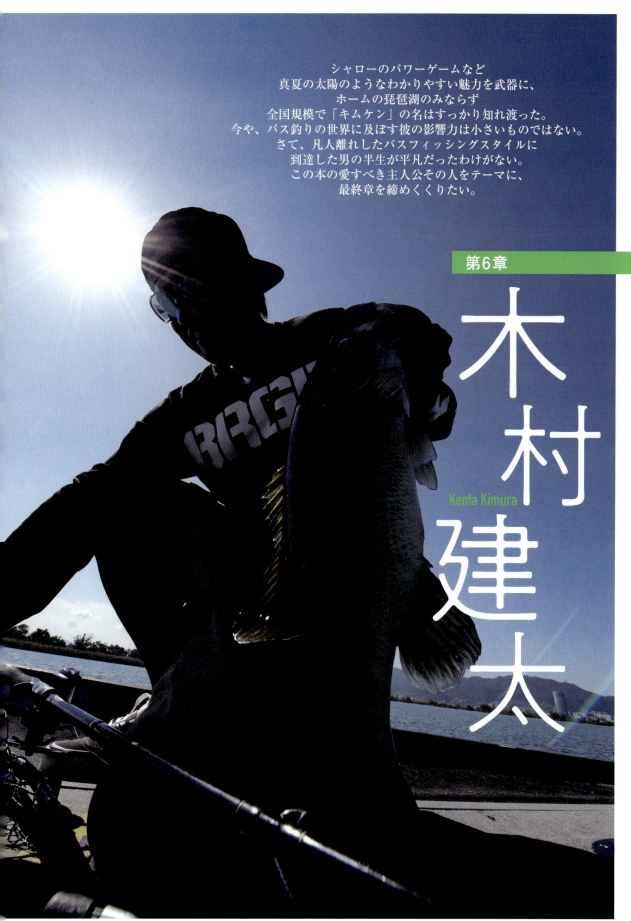

シャローのパワーゲームなど
真夏の太陽のようなわかりやすい魅力を武器に、
ホームの琵琶湖のみならず
全国規模で「キムケン」の名はすっかり知れ渡った。
今や、バス釣りの世界に及ぼす彼の影響力は小さいものではない。
さて、凡人離れしたバスフィッシングスタイルに
到達した男の半生が平凡だったわけがない。
この本の愛すべき主人公その人をテーマに、
最終章を締めくくりたい。

第6章

木村建太

Kenta Kimura

第6章 木村建太

木村建太自分史
Kimken chronicle

元気な男の子が釣りを覚え、トーナメンターとなり、そこからドロップアウト。どんな生き方をしたらあのストロングスタイルを身につけられるだろうのか？ 紆余曲折、波乱万丈。いろいろあって大人になった、木村建太のバスフィッシング半生記

バスフィッシングに青春を賭けた、少年〜青年期

バスもトラウトもなんでも釣ってみたかった中学時代。やがてゲーム性の高いバスフィッシングに惹かれていった

唐崎にて、初めてルアーで釣られたバスを目撃！

初めてバス釣りに触れたのは1990年。当時8歳かな。親父は釣りをしないんですけども、僕が「釣りしたい！ 釣りしたい！」って言っていて、初めて琵琶湖に連れて行ってもらいました。最初は唐崎の鳥居前の桟橋でエサ釣りをやっていて、ブルーギルや小さいバスを釣っていました。そのうち、近くにあったポルシェ屋さんのお兄さんがキラキラ光るルアーでバーン！ っとデカいバスを釣ったんです。今考えたらルアーはスピナーベイトで、40cmないくらいのバスだったんですが、当時の僕は、「でか！ なにそれ!?」と、びっくりでした。しかも魚には似ても似つかないスピナーベイト。あり得ない現象を目の当たりにして、その瞬間からルアーに目覚めました。

その2年後、バス釣りをやっている知り合いの兄さんにため池に連れて行ってもらって、ワームの存在を知りました。そして、その兄さんがバスをヒットさせて、そのロッドを渡してくれたんです。初めてバスをルアーで釣ったのはそのときということになりますね。それでもとても興奮したのを覚えています。

中学生くらいのころ、第三次バスブームが直撃ですよ。自転車で宇治川に行ったり、学校の裏の池に毎日行っていました。京都にはバスがあまりいなかったのですが、当時は宇治川が僕のメインフィールド。ポパイ本店に自転車で通って、バスプロという存在やトーナメントの世界についても少しは教えてもらっていました。当時は『釣りトップ』など入門向けの釣り雑誌もあったので、自分なりにバスフィッシングを調べて理解しようとしていましたね。

トーナメントに明け暮れ、突然別れを告げた青春時代

　琵琶湖に通い始めたのは中学生のころでした。電車で。まだまだブーム真っ只中で、どのポイントに行っても人だらけでした。岸から入れるところはどこでも先行者がいましたね。えらいこっちゃでしたわ。

　その後、'97年、高1のときにNBCジュニアチャプターに初めて出場しました。なぜかデビュー戦で優勝してしまいまして……俺は天才か？　と勘違いしましたね。ちなみに、同期にはダウザー（秦拓馬プロ）がいました。当時、彼をずっと年上だと思って「秦さん」って呼んでいたんですが、最後の年になってもまだいて……「秦さんって歳いくつなんですか？」って聞いたら「同じやで」って。当時、高校生なのに今よりおっさんでしたよ、顔が。なんであのヒゲのお

ました。当時はトーナメンターの人数がピークだった時代で、マスターズは1試合に700〜800人出ていました。全員スタートするまで1時間くらいかかるし、ウェインは山ノ下湾がボートで埋め尽くされている状態でした。この年はこれといった成績を残すことができなくて、なにが悪いんだろう？と悩んでいましたね。

　ところが、2002年シーズンから自分でも驚くほどの結果が出せるようになります。この年のマスターズが年間5位で、ワールドシリーズ（今でいうTOP50に該当するトップカテゴリー）の出場権を得ることができました。いわゆるトントン拍子ですわ。ジャパンからマスターズに進出して、2年間の成績が

20歳。高校を卒業後、バスボートを手に入れ、プロトーナメントに出ていたころ。琵琶湖にて、プライベート釣行を満喫中

っさんはジュニアのミーティングを聞いてるの？って不思議に思っていましたから。

　高校3年までの3年間、ジュニアに出て、翌年からプロ戦に出始めました。そのころは仕事もなにもしないで、釣りばかりの毎日。たまにアルバイトに行っては、車中泊で1日500円生活をしていましたね。年に200日近く、アルミボートで釣り。ほとんどのお金をガソリン代に回して、ほぼカップラーメンしか食べてませんでした。でも、それが楽しい時代。2〜3年はそんな生活をしていましたね。

　2001年に琵琶湖ガイドを開業しました。当時はマスターズに出始めたころで、ガイドをやりながらトーナメント主体の生活。チャプター、ジャパン、マスターズ……出られる試合は全部出ようと思ってい

よければワールドでしたから、つまずくことなく上がれたんです。でも、「ちょっと待てよ、これは自分がやりたいことなのかな？」と思ってしまった。資金の問題もあったし、ワールドに出たくてやってきたわけでもなかったから。そして、リリース禁止問題も勃発していた時代でもあり、当時は強いだけじゃダメだっていう風潮だったんです。

　2002年のジャパンバススーパークラシック（野尻湖）の前夜、車の中で寝ながら、一晩考えて決意しました。よし、今回で最後にしよう、と。翌日、周りのトーナメンター仲間に、「俺、今回でやめるわ」って言ってましたね。当時乗っていたレンジャーを売って、その金でアメリカに1回だけ行ってみよう、と。21歳でしたね。

第6章　木村建太

2003年、JBワールドシリーズへの出場権を手にしていたが、思うところがあり、バスボートを売って初渡米。本場のトーナメントの眩しさに触れ、「必ず戻ってくる」と決意した。バスプロショップスのデカさにも驚く

木村建太 自分史
Kimken chronicle
バスフィッシングに青春を賭けた、少年～青年期

初めて見たアメリカの試合が人生を決めた

　2002年を最後に日本のプロトーナメントを断念して、翌2003年、ボートを売ったお金でFLWツアー観戦のため初めてアメリカの地を踏みました。そして、自分の目で本場の試合を見て、「これは絶対に選手として出たい！」という強い思いがこみ上げてきたんです。帰国後、出たい気持ちだけで、所持金はゼロ……。最短でアメリカに戻る方法はなんやろ？　って考えて、それならとりあえずはつべこべ言わず就職せな……ということで佐川急便に入社しました。独身、実家暮らしなので、2年で300万円貯めよう、って。その間はほとんど釣りもしていません。まあ、それでもローカル大会にはちょいちょい出ていましたけどね、お小遣い稼ぎに。当時はいろいろなマリーナ単位でローカル大会があったんです。結局、毎日忙しく働いて、2年弱で300万円を貯めることができました。

　2005年に念願の再渡米が叶います。まずは語学学校に行こうかな？　とも思いましたが、英語はもちろん必要だけど、やっぱりトーナメントの場にいたい！　そう思って、FLWツアーにコアングラーで出場を始めました。記念すべき初めてのパートナーがなんとクランクベイトの神様、リック・クラン。あのときは英語がまったく話せなくて迷惑をかけたと思います……。この試合のプラのときに、ボートランプで釣り人に「ボートに乗せてくれ！」と声をかけていたのですが、最初に乗せてくれたのがトビーという男。彼とはそれから14年間付き合いが続いています。そのときの渡米は1年目でお金を使い切っていたのですが、トビーが「俺の家にいてもいいよ」って言ってくれたので、翌年もまたトビーのお世話になりました。おかげで、2006年は11ヶ月アメリカにいましたね。

　結局、2005～2007年の3シーズン、FLWツアーにコアングラーで出場しました。2007年にはボーターの権利を取ることができたのですが、ボートもな

左／初渡米時。フロリダを走りながらアメリカの風を感じた　右／2006年、コアングラーとして参戦し始めて2年目のウェイインシーン

いし金もない。無理やな……となって帰ってきたのが2008年。本当はボーターとして出たくて仕方がなかったんですけどね。ここが出たくても出られなかった2度目なんです（1度目はJBワールドシリーズ）。そこで、ガイドをしよう、釣りをしながらお金を稼ごう、と思い立ちました。ただ、当時の僕は一文無し状態で帰ってきていたので、ガイドを始めようにも資金がなかった。そんなときに、まっつん（松下雅幸氏）やニンジャさん（千藤卓氏）に紹介してもらっていた、デプスの奥村和正さんに「そんなに困ってるんやったらウチでバイトしいや」って声をかけてもらって。数週間だけでしたが、デプスでBカスタムのスカートのトリミングとかをしていました。その年からサポートもしていただいて、今年（2019年）で11年です。でも僕は最初から「ビッグバスハンターじゃないんですけど……」と言ってました（笑）。デプスでバイトしながらも、「俺、ガイドせな……」と。

当時はまっつんとかがお客さんを紹介してくれたりしましたが、まだヒマだったので、琵琶湖最大のローカルトーナメント、ビワコオープンに出てみることに。思えば、ビワコオープンが僕にとっては出世試合なんです。2008年は最終戦で優勝して、年間2位。2009年は第1戦、第3戦と優勝して、年間チャンピオンを獲得しました。その頃から雑誌やDVDの取材依頼が来るようになってきましたね。

2010年からついにボーターとして、バスマスターセントラルオープンにフル参戦します。そのシーズンはまだトビーにボートも車も借りて出ていました。しかし、思うような成績を残すことは叶わず。

2011、2012年は日本での活動に専念していました（2011年ビワコオープン年間優勝）。

そして、2013年から再びバスマスターオープンにフル参戦。それが今現在も継続中です。そこから今日までは、ある程度みなさんご存知ではないでしょうか？

2011年の雑誌取材にて。このころは琵琶湖のウィードがかなり増えていて、パンチングやフロッグという持ち味を存分に発揮でき、メディアを通して存在感をアピールした

初めてのDVD
帰国後、琵琶湖でガイド業を再開した翌年、DVD処女作となる『マットカバー完全攻略』（つり人社）を発売。このころから雑誌の取材依頼が来るようになった

第6章　木村建太

Lake Biwa guide service
琵琶湖ガイドという職業

ここ10年数年間で一気に人数が増え、「バスプロ」の代表的な職業となった感さえあるバスフィッシングガイド。なかでも琵琶湖はダントツで多い。日本一の湖をバスボートで疾走し、世界に誇れる夢の巨大バスをゲストに釣ってもらう人、それが琵琶湖ガイド。木村建太が選んだ生業である。

琵琶湖No.1ホスト
になるために(?)

プロとして、ガイドを通して得られるものはとても大きい

琵琶湖のガイド業というのは僕自身すごく好きな仕事です。ガイドをしているだけで純粋に釣行日数が増えるので、僕自身のスキルが高まっていくというのもありますが、仕事を通してお客さんから得るものも多いんです。ガイド業というのは、お客さんに楽しい1日を提供するというサービス業ですが、レッスンプロという一面もあります。そのなかで、お客さんの客観的な声を聞くことができることはプロとしてとても重要なんですよね。自分ひとりで釣りをしていると当たり前だと思ってしまうこと、たとえばキャストの方法しかり、お客さんによっては「あ、ロッドの握り方からわからないんだ」みたいなことに気づかされます。雑誌や映像を通して人に伝えるプロとしてとても大切な客観性を、ガイドのお客さんが教えてくれるんです。

当然、お客さんに釣ってもらう仕事なので、釣らせる努力も必要なのですが、僕のお客さんは「こういう釣り方で釣りたいです」っていう明確なリクエストを持ってくれている人が多いんです。つまり、単純に釣ってもらうだけでなく、僕の釣り方の意味を理解してもらうことになります。お金をもらっている以上、妥協したらいけないと思っているので、一生懸命伝えるし、釣り方を覚えてもらう。逆に、お客さんのやっている釣り方を見て、これはひょっとしたらアリかも？　って思ったときは自由に釣ってもらうこともあります。「あ、そういうのもあるんや」と、お客さんから新しいことを教えてもらうこともある

ゲストだけでなく、ガイドも釣る。ポイントに案内して釣り方をレクチャーするだけがガイドじゃない。「キムケン」の釣りを実際に見せてお客さんに勉強してもらい、楽しんでもらう。最前線のデモンストレーターでもあるのだ

んですよね。

　雑誌の取材やショップのセミナーなどで人に伝えなければいけない場面が多々あるのですけど、そのときに自分本位では表現しづらいことがたくさんあります。ガイドをしていると、たとえば「フロッグを動かすリズムは拍手をするイメージですよ」っていう説明をお客さんにするように、ライターさんに伝える。それをライターさんがわかりやすく記事に落とし込んでくれます。それには僕自身が、なんでそうなのか、という理由を理解しておかないと、人に伝えるときに正しく伝えられないんですけどね。

　ルアー作りも僕の大事な仕事ですが、毎日現場にいるからこそわかることも多いんです。子供のころからやっていたルアー作りを今は仕事にできていますが、それにも日々のガイド業が活かせるので、大きなメリットに感じています。

恩人たちのおかげ

　コアングラー参戦していたFLWツアーから帰ってきたころ、最初にガイド業を始めた（2001年〜）時代のお客さんが、「一緒に釣りしようよ」と、僕を誘ってくれたんです。そのお客さんが、「もう1回ガイドやったらいいやん」って言ってくれて。でも、僕にはボートを買うお金がなかった。すると、「お金の支払いは待ってあげるから、このボートを使いなさい」と、所有されていたバスボートをすごく安い値段で売ってくれたんです。それがあの緑のギャンブラー。結果的にはお金は払わせていただきましたが、それで僕がガイド業を復活させることができました。そのお客さんは僕にとって大切な恩人ですね。

　今、琵琶湖で使っているレンジャーはトビーに売ってもらったのをアメリカから引っ張ってきたものです。トビーと僕がアメリカで乗りまくってた船。それを日本に持ち帰ってきてガイド艇にしている。どっちもお下がりでボロいけど、とても思い出深い船です。ボートというのはバスプロに必要不可欠であり、一番大きい投資なんです。そこに関してはすごく恵まれていたからこそ、ガイド業が成立していました。でも、次は新艇が欲しいですね（笑）。

　近年でも、年間200日はガイドで湖に出ていますが、多かった年は300日はやっていました。「ちょい待て……俺ガイドしかやっとらんやん！」って。取材も断らないといけない状況だったので、月末から第1週にかけては取材用に日程を開けるようにさせてもらいました。アメリカのトーナメント参戦やその他の仕事も多々あって、ガイドはちょっとずつ減らさざるを得ないのですが、可能な限り続けたい、僕の大切な仕事です。

第6章 木村建太

ルアービルダー・木村建太
Lure builder

豪快な釣りスタイルからはやや想像が難しいかもしれないが、木村建太は手先が実に器用。日々、思いついたアイディアをすぐに形にしてしまう。また、メーカーのプロトルアーに意見をして"プロデュース"というレベルではなく、原型を自作してプレゼンするというスタイルで、むしろルアービルダーといえる

ヒットルアーを連発する
ルアー職人としての横顔

ルアーが友だち(?)だった子ども時代から今まで、ルアー作りの基本姿勢は変わらない

　ルアー作りは子どものころから当たり前のようにやってきたことで、今やっているのはその延長線上なんです。勉強はまったくできなかったんですけど、図工だけすごく評価が高かった。学校の勉強で興味があったのが、モノを作るっていうそれだけだったんです。ちっちゃいころ陶芸教室に行って、陶器でクワガタを作って表彰されたこともありました。もともと、数学とか国語とかは大嫌い。他人の作ったルールに乗っ取ったものが使いこなせないんですよね。たとえばパソコンのシステムって最初からできあがってるじゃないですか。そういうプログラミングの話みたいな、人が作ったものを覚えるというのがとても嫌いな作業。でも、自分で作ってしまえば物事をすべて理解できる。「そういうことね」、って。さらに実釣で使って、「なんやこれ、キてんなー！」って衝撃を受けてみないとわからない。自分で作ってみて、初めて名作の価値に気がつくし、やっぱクソやな、っていうのにも気がつく。
　そんな自分のスキルというのは、バスプロとして生かしていって損はないんだな、と今となっては感じています。ルアー作りはもともと自己満足でした。あの場所で釣りをするならこういうルアーが欲しいな、というのは中学生のころからやってたことで、作ったルアーを「どや釣れるやろ？」って人に自慢するっていうのも好きだった。たまたまそれが自然に活かせる環境をデプスやその他のメーカー

デプス／スリザーク

デプス／バスターク

キムケンを完全に勢いづけてくれたふたつのフロッグ。雑誌やDVDを通してユーザーに使い方をどう理解してもらえるかを強く意識していた。まだ「え、PEラインを使うんですか？」と言われた時代。適当に投げるだけで釣れるタイプではなく、むしろ最も使いこなすのが難しいジャンル。製作者として、必死に使い方を伝えた

スパイキー／イヴォーク5

スパイキーから発売していた発泡樹脂製のクランクベイト。ディープクランクを重用していた時代、極端に潜行角度の浅いものを作りたかった。発泡樹脂なので鉛のネイルシンカーを打ち込んで、一個一個浮力を変えて使っていた

デプス／スタッブクロー

あえて尖って作ったワーム第1作。当時はパンチングというのはマットをほぐして入れるんだ、と雑誌に書かれていて、「アホちゃう？」と思った。だから「キン消しでも釣れる」っていう考えを形にして、「スピード感がむしろ大事なんだよ」、というのを伝えたかった

デプス／イヴォーク1.2

デプス／イヴォークシャッド

バルサウッドのクランクベイトはいまだに素晴らしいと思いますが、バルサじゃないと本当にアカンの？っていう疑問が湧いてきました。ABSがなぜ動かないかっていうと、バルサの形で作るからなんです。それだとどうしてもアクションがトロくなってしまう。いらない贅肉を落として、とことんマッシュアップしていけばバルサと同等のピッチを出せるんじゃないか、という試みがイヴォークシリーズの出発点です

さんにいただいているのが現状です。今は僕自身、社長でもメーカーでもないので、好きなタイミングで作りたいモノを打診して、「じゃあ、やろうや」と言ってもらっている。ルアー作りは、僕がバスプロとして他のプロよりも1枚多く持っているカード。まあ、他に僕が持っていないカードもたくさんあるんですけどね。どちらかというと、僕の強みは誰よりも現場にいて、総キャスト数は、ルアーデザイナーとしてはおそらく日本一多いと思うんです。そういう環境をデプスには用意してもらっていますね。

新しいルアーをメーカーにプレゼンするにあたって、実際に釣果を出せるところまで自分で形にできるのが僕の強み。ほぼ完成形でいきなり渡してしまうことができる。フロッグにしても速く引けるほうがフッキング率が上がる、という僕のコンセプトを最初から完成させていました。バスタークだったら並行浮きのポッパーで、飛距離が出て、フッキングのときにカップが邪魔だからめくれるようにしたい、というのを形にして提案していました。

総じて僕のルアー作りは、自分の釣りをより便利にするためのツールとして、より新しいモノを考えて形にしていくことが多いですね。

第6章　木村建太

今までにないタイプの ルアーを作るのではなく、 既存のルアーを 自分なりに研ぎ澄ませる

ルアーデザイナーのタイプとして、僕はクリエイト型ではなく、マッシュアップ型（※）なんです。既存のジャンルのルアーを洗練させて突き詰めていく。たとえばストレートワームでいうとスライダーがあってカットテールがあって、これらのよさを残しつつ、もうちょっと太いのが欲しいな、というのを形にする。この素材感で、ここをこうしたらここの魚に合うだろう、と、意外とミニマムなところで考えていることが多いです。奥村和正さんなんかはいきなり場外ホームラン的なルアーを作る、クリエイト型です。まったくタイプは違うと思う。

僕は釣りをしながら、自分の釣りに必要なものを作ってきました。やりたくなければやらなくていい、という気楽なスタンスで今もやらせてもらっています。木を削るところから各ルアー作りはスタートします。一番古風なやり方なんですが、その段階で80％くらいの精度が出せるので、そこからマニュファクチャーのプロと話をしながら完成させていくという作業。最初の80％を明確にしないとあとあとブレてしまってかえって時間がかかるんです。ある程度「こういうモノを作りたいんです」、っていうのを自分で形にできる。それが僕の強みなんです。

実は、デプスさんと付き合う前に自分でメーカーをやろうかな、って思っていたこともありました。アメリカでハンドメイドルアーを手売りしていて実績もあったので。でも、デプスの工場の中を見せてもらうと、「いや、ここでやったらもっとおもしろいことができるかも」って思った。有名なブランドですから、それぞれのプロフェッショナルが社内にいて、もっと精度を高く、自分ひとりのハンドメイドじゃできなかったことも、デプスの工場ならばできるようになったんです。

※すでに存在するものを組み合わせて新しいものを作ること

木村建太の

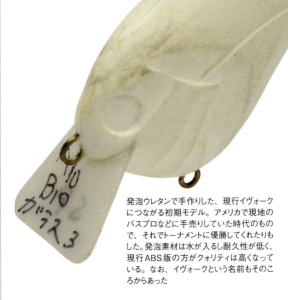

発泡ウレタンで手作りした、現行イヴォークにつながる初期モデル。アメリカで現地のバスプロなどに手売りしていた時代のもので、それでトーナメントに優勝してくれたりもした。発泡素材は水が入るし耐久性が低く、現行ABS版の方がクォリティは高くなっている。なお、イヴォークという名前もそのころからあった

上の初期モデルからABS化への移行を目指して作り始めたテストモデル。毎日テストを繰り返し、ここまで来るのにさえ1年近くを要した

このやたらとチープなのは……高校卒業したころに作り始めた超初期モデル。エアブラシも塗料も何も知らなくて、ウレタンドブ漬けという古風な方法で塗っていた

これはシリコンで型取りするために作ったバルサの雛形。わざとツヤを出して型から抜けやすく作ってある。それにウレタン樹脂を流し込むのだが……リグ組などを含めてとても面倒な作業だった

リップに書いてある文字は発泡ウレタンの液の配合。ここからさらに数々のテストを重ねることになる。数年後にデプスに渡した雛形はすでに完成した性能を誇っていた。それを機械でデータ化＆ABS化し、現在のイヴォークとして世に出たのである

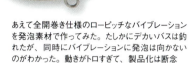

あえて全開巻き仕様のローピッチなバイブレーションを発泡素材で作ってみた。たしかにデカいバスは釣れたが、同時にバイブレーションに発泡は向かないのがわかった。動きがトロすぎて、製品化は断念

ハンドメイドルアー・プチカタログ

発泡素材のイヴォークを量産化したころのモノ。マテリアルの配合が決まり、ポンポン作っていた。ステンレスアイに変わったのは日本で真鍮ワイヤーが手に入らなかったからだが、むしろ強度がアップした

左上の未塗装モデルと同じボディのロングリップバージョン。より浅い潜行角度を求めて、これからイヴォーク5へと繋がった。シャッドラップの影響を多少受けている

カーボンなら軽くできるからもっとピッチが出るんちゃう？　という思いつきで作ってみたが、あまり変わらなかった。ただ、カーボンやサーキットボードはハサミで切って整形できるので生産性はすこぶる高かった。しかし、耐久性が低く、不採用

手作りイヴォークの最終段階。もうこれ以上はない、とABS化を決めた。お尻部分の傷はテスト中に水が入って浮力バランスが変わってしまったものを夜な夜な修理した跡

これもかなり初期モデル。いろいろやってみなわからん、と、かなりのワイドアクションにしてみたシャッドタイプ。琵琶湖でけっこう釣れた

まだ木で作っていたころのモデルだが、塗装がちょっとずつ上達している。フラットサイドはジグソーで板をカットして、ボール盤で角をとるだけなので超簡単。ボディのリギングも5分くらいでできるまでに生産性を高めていた……が、未発売。フラットサイドじゃなきゃダメという場面はあまりない、というのが結論

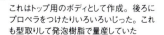

これはトップ用のボディとして作成。後ろにプロペラをつけたりいろいろいじった。これも型取りして発泡樹脂で量産していた

第6章　木村建太

奥村さんの影響力が僕の10倍あったから、僕は11回言った

　デプスと付き合いができたことで、プロモーションの面でも状況が変わりました。今まで伝えられなかったことが伝えられるようになったんです。いくらいいモノを作ってもなかなか伝わらない、という経験をしていたので。そのころから僕はSNSを取り入れるようにしていました。自分だけが釣れるルアーというのはまったく意味がなくて、なるべく誰でも再現できるようにルアーの使い方を伝えるのがプロとしての責任、と考えるようになりました。琵琶湖でも僕は場所を隠すのが嫌いです。ルアーを売るという立場である以上、それは絶対にしてはアカンと思うんですね。まず、どこでどう使うかわからないルアーという売り方はダメ。なぜかというと、それで売れなかった経験をしてきたからです。

　琵琶湖だけでなく、取材などでいろいろな地方に出向いて釣ってみせるのもそういった理由があります。「琵琶湖だから釣れるんでしょ？」と、蚊帳の外の出来事と思われてしまってはいけない。ルアーの説明のために、なるべくいろんなシチュエーションで釣ってみせる。応用も含めて伝えていくというのが僕の立ち位置からできるベストな方法です。単にいいモノを作ったから売れるケースって稀だと思いますね。ブルフラット級によほどパンチが効いているモノなら別ですよ。僕の作るルアーはオートで釣れるモノは少なくマニュアル型のルアーが多いので、こういう使い方をしてるんやで、っていうのをとくに実釣で表現しないといけない。作って、釣ってみせる、というのが僕という現場型バスプロの仕事のやり方なんです。

　デプスから最初に出したルアーはスタッブクローンというパンチング用ワームでした。しかし、「パンチングってこうやぞ！」っていう僕の意図がなかなか伝わらなくて、売れるようになるまで3年かかりましたね。まだ僕に力がなかった時代なんです。当時は、奥村さんがブログとかでたった1回言うだけで、僕の10倍の影響力があったんですよ。僕が言っても、本当にごく一部の人が「ああ、すごいね」って言ってくれるだけだったんです。でもちょっと待てよ、これは簡単な計算で、11回言えば俺の勝ちやん、って思ってしまった。有名なプロが僕の10倍のパワーを1回で発揮するなら、僕は11回言えばいい。「もうええって……」ってお客さんに言われるまで伝える。まだまだ伝えることの引き出しはあるんだけど、言い過ぎない。もったいぶるわけじゃないんだけど、完全に理解してもらってから次へいく。バックボーンが琵琶湖であっても、池でもリザーバーでも実釣で釣ってみせる。それでようやく「なるほどね」ってわかってもらえる。あくまで地域限定で完結させないというのをすごく重視しています。

　作るのは当然好きだけど、自分がいいと思っているモノを伝えるのも僕の好きなこと。尖っているようで意外と尖ってないのが僕のルアー。こう使いたいから、こうしたい、というのが形になっているだけですから。まあ、ルアー作りはバスプロとしてやるべき仕事のひとつですね。メインビジネスであり、子供のころからやってきたライフワークでもある。ワームであれフックであれ、いまは好きなモノを作れる環境をいただいているから楽しく働いてますよ。

第6章　木村建太

The big challenge
アメリカで、闘う

キムケン、バス釣り人生の行動原理

日本のトーナメントシーンからドロップアウトしたのも、琵琶湖でガイドサービスを開業したのも、すべてはアメリカで闘うためだった。水域の規模も賞金もなにもかもがケタ違い。誰がなんと言おうとバスフィッシングの最高峰。その頂を目指して、これからも長い旅が続く

アメリカのバスフィッシングを支えているもの

アメリカへの挑戦。木村建太の歴史において、最後のポイントであり、究極の目標です。ルアー作りも取材も好きですが、それよりもアメリカに行きたいというのが一番。16歳くらいから「アメリカでやりたい！　やりたい！」と思い続け、その思いを20年以上抱き続けています。しかも、行けば行くほどその思いが強くなっているんです。

なぜそんなにアメリカのトーナメントシーンに惹かれるのか。やはり、アメリカはバスフィッシングカルチャーというのがオリジナルなんです。日本は日本で、アレンジがおもしろいんですが、やっぱりオリジナルを知らないことにはそのよさも理解できません。

アメリカ人というのは遊びの天才だし、そもそもブラックバスの祖国。バスフィッシングで飯を食っていきたいという人数も日本とは次元が違います。トーナメントの規模やレベルということ以前に、僕よりもバカなヤツらがアメリカにはいっぱいいるんですよ。「え、こいつマジかよ……」っていうヤツがたくさんいます。たとえば、アメリカ人の友だちは

左／ウェイン前に、釣ったバスをケアする専用のプールが。このあたりには運営の資金力だけでなく、資源としてのバスを大切にしているのが伝わってくる　右／ウェインショーのインタビューシーン。初渡米時にはまったく話せなかった英語が、今ではペラペラと出てくるようになった。釣りの話ならまったく問題なし!

to U.S.A.

トーナメントとか関係ないときで、一日中釣りの話ができるヤツらなんです。毎晩肉を焼きながら先週釣りに行った話。こいつら一晩中釣りの話してんのや……って。そういう連中がうんざりするほどいるという環境自体がすごい。それがバスフィッシングのレベルを根底から支えている理由なんです。

ただ、アメリカ合衆国の歴史から紐解いていくと、バスフィッシングが盛んになったのはニューディール政策でダムをたくさん作ってから。それからせいぜい2〜3世代の話です。なので、文化に何百年も差があるというわけではない。バスフィッシング環境の差はアメリカの経済が豊かだという背景もありますが、歴史に引け目を感じていてはいけないな、と思っています。

日本とアメリカでは釣りの環境面では雲泥の差があるのは事実ですが、アメリカでも日本でもブラックバスを釣るという競技性はまったく同じです。基本は5尾リミットのウエイト勝負であるのは一緒なので。自分のできる限りのベストを尽くして釣りをする、ということ。結局、釣ればいいんです。

バスマスターオープンの華やかにショーアップされたウェインシーン。観客も地元のファミリー層がほとんどで、地域の文化として根付いているのがよくわかる

109

第6章　木村建太

浮き草、ホテイアオイ、サイプレス、ブラックウォーター。いかにもアメリカなベジテーションにラバージグを投じる。カバー撃ちはバスフィッシングの実力に直結してしまう。ベーシックスキルだ

アメリカを知らずして、バスフィッシングのすべてを知ることはできない

　アメリカの試合では、毎回大きなインパクトを受けています。もともと日本の試合にも出ていたし、琵琶湖の試合にも出ていたので、その上でいうと、トータル的にアメリカの方が圧倒的にレベルが高いと思います。そこはやっぱりオリジナルカルチャーなんです。進化していくスピードが圧倒的にアメリカの方が早い。試合のたびにみんな闘い方が変わっていくんです。すごくサバイバルだな……と。日米のスタイルの違いとかも関係ありません。アメリカ人も人それぞれスタイルが違うし、アメリカンスタイルと一括りできません。みんなただ釣るためにやってるだけのことですから。魚を釣るための道具が進化したり、それに合わせた闘い方をするのがすごく臨機応変です。逆に、日本人しか知らないこともなくはないので、そういうところを生かしていきたいですね。

　日本でバスプロとして飯を食っていこうとしたら、正直100人に1人くらいはイケると思うんですよ。ただ、アメリカはその10倍は厳しいと思います。いい意味でバカが多いんです。バスプロを目指してやっている人の貪欲さだったり、新しい釣り方やルアーを取り入れてどんどん技術を磨いていくのがやっぱり本場のプロなんだな、と思いますね。ただ、日本の競技を否定しているわけではなく、単純に空気感の違いと言ってしまえばそれまでかもしれませんね。アメリカのツアーに出ていて、日々知らないことだらけです。言葉の問題も体格差も関係ない。魚を釣ればいいだけなんです。結果がよくても悪くても毎回学ぶことがあるし、もっともっと基本を磨いていきたい。目標は勝つことなんで、僕も進化していかないといけません。

　よく、ツアーをしていく上での苦労話を聞かれま

親友のトビーから譲ってもらったレンジャー。マットブラックベースにスポンサーロゴをラッピングされた精悍なたたずまい

巨大な釣具店、カベラス前にて記念撮影。体育館より数倍広い釣具屋というのは世界でもアメリカだけ

ツアー中の宿泊先であるモーテル。治安の悪い街もあるので、あまりに安すぎず、高すぎない、ちょうどいいランクを選ぶ

ステーキ、ステーキ、ソーセージ。しかも、量がものすごい。釣りだけでなく、食性の急変にもアメリカに来たことを感じる

すが、一番は綺麗ごと抜きにカネですよ。それはもう一番大事。力尽きて出られなくなってしまってはいけないし、満足に闘えないというのは避けたい。そして、アメリカでツアートレイルするということは、アメリカ人にとってけっこうつらいことなんですよ。そのために休みはどうするか、そもそもどういう仕事につくか、という。ツアー中の移動は基本ひとりですね。正直、日本とあまり変わらない。でも、同じ試合にトビーが出てる場合は同行します。トビーと出会えたことっていうのが自分にとっては最も幸運でした。最初にアメリカに行って右も左もわからない僕に手を差し伸べてくれた人なんで。今、アメリカで試合に出られる環境が作れたのはトビーのおかげだと思っています。

　アメリカに拠点を置いた方がトーナメンターとしての環境が作りやすいのではないかと、その方法を模索してたこともあるんですが、日本に帰った方がええな、と思って今はそうしています。もうギブアップしたくないんですよ。権利を獲得しているのに、お金がなくてやっぱ無理だわ、っていうのはもう絶対に嫌なんです。ちゃんと続けられる環境、時間、お金、っていうのは計画的にやらないといけない。だけど、いかんせん僕はいつもテンションだけで行っちゃってるんで。やってから考えようパターン。アメリカに住めばいいじゃん、っていう人もいるけど、ただ単に釣りができない環境で住むっていうのは意味を感じない。アメリカで日系企業に就職して仕事してても、釣りにいけなかったら意味がないんです。釣りに行ける時間と収入を得るバランスっていうのはすごく大事ですね。

　最終的な目標としては、やっぱり世界一のアングラーになりたい。アメリカのトップツアーに出るというのは絶対に達成したい目標。今はアメリカのトーナメントシーンが変革期に入っているので今後どうなっていくかはわかりませんが、それを追い続けていきたいという意識は変わりません。

雪景色に鮮やかな赤を差す、名もしれぬ小鳥。カメラと鳥好きなキムケンのフォトアルバムは野鳥であふれています

ロスバーネットの広大なベジテーションエリア。見渡す限り巨大なハスの葉が水面を覆っている

キムケンが世界で一番好きな食べ物はオクラホマのザリガニ料理。前世はバスか？このために片道2時間走ることもある

ちょっとした時間を見つけて地球の裏側へ近況を伝える。ネットの発達によってアメリカ挑戦のハードルは多少下がった

111

K² column 06
Kenta Kimura

登場ルアーを網羅!
木村建太のタックルデータ2019

■ ホッパープロッパー190
ロッド：ヒュージカスタムH3S-76RF（デプス）
リール：レボ・ビースト 41 HS-L＋TFL110ハンドル（アブ・ガルシア）
ライン：オルトロス フロロ 25Lb（よつあみ）

■ フロッグ
ロッド：HGC-70XS/GPブッシュバイパー（デプス）
リール：レボ・ブラック10（アブ・ガルシア）
ライン：オルトロス PE 100Lb（よつあみ）

■ 虫
ロッド：HGCS-65MLRレーザーウィッパー（デプス）
リール：レボ・PRM2500SH（アブ・ガルシア）
ライン：オルトロス PE 10Lb（よつあみ）

■ バズベイト
ロッド：HGC-70XS/GPブッシュバイパー（デプス）
リール：レボ・ブラック10（アブ・ガルシア）
ライン：オルトロス フロロ 20Lb（よつあみ）

■ バズジェット
ロッド：HGC-70XS/GPブッシュバイパー（デプス）
リール：レボ・ブラック10（アブ・ガルシア）
ライン：オルトロス フロロ 20Lb（よつあみ）

■ ブルシューター
ロッド：ヒュージカスタムH3S-76RF（デプス）
リール：レボ・ビースト41 HS-L＋TFL110ハンドル（アブ・ガルシア）
ライン：オルトロス フロロ25Lb（よつあみ）

■ パンチング
ロッド：ヒュージカスタムH3S-76RF（デプス）
リール：レボ・ブラック10（アブ・ガルシア）
ライン：オルトロス PE 100Lb（よつあみ）

■ ビフテキ
ロッド：HGC-70HFバレットショット（デプス）
リール：レボ・ブラック10（アブ・ガルシア）
ライン：オルトロス フロロ 20Lb（よつあみ）

■ スイムジグ
ロッド：HGC-77XSボアコンストリクター（デプス）
リール：レボ・ブラック10（アブ・ガルシア）
ライン：オルトロス フロロ 20Lb（よつあみ）

■ 日本式フットボールジグ
ロッド：HGC-70HFバレットショット（デプス）
リール：レボ・ブラック10（アブ・ガルシア）
ライン：オルトロス フロロ 16Lb（よつあみ）

■ ベイトフィネス
ロッド：HGC-610MLF/GPバーディック（デプス）
リール：レボ・ALC-IB7（アブ・ガルシア）
ライン：オルトロス フロロ 10Lb（よつあみ）

■ クランクベイト（イヴォーク1.2-2.0クラス）
ロッド：TGC-70HR/GPフェルデランス（デプス）
リール：レボ・ウインチL＋TFL110ハンドル（アブ・ガルシア）
ライン：オルトロス フロロ 14Lb（よつあみ）

■ マグナムクランクベイト
ロッド：TGC-70HR/GPフェルデランス（デプス）
リール：レボ・ウインチ＋TFL110ハンドル（アブ・ガルシア）
ライン：オルトロス フロロ 20Lb（よつあみ）

■ シャッド
ロッド：HGC-610MLF/GPバーディック（デプス）
リール：レボ・ALC-IB7（アブ・ガルシア）
ライン：オルトロス フロロ 12Lb（よつあみ）

■ バイブレーション
ロッド：TGC-70HR/GPフェルデランス（デプス）
リール：レボ・ブラック10（アブ・ガルシア）
ライン：オルトロス フロロ 16Lb（よつあみ）

■ ジャークベイト
ロッド：HGC-610MLF/GPバーディック（デプス）
リール：レボ・ALC-IB7（アブ・ガルシア）
ライン：オルトロス フロロ 12Lb（よつあみ）

■ チャターベイト
ロッド：HGC-70XS/GPブッシュバイパー（デプス）
リール：レボ・ブラック10（アブ・ガルシア）
ライン：オルトロス フロロ 20Lb（よつあみ）

■ アラバマ系リグ
ロッド：ヒュージカスタムH3S-76RF（デプス）
リール：レボ・ビースト41 HS-L＋TFL110ハンドル（アブ・ガルシア）
ライン：オルトロス フロロ25Lb（よつあみ）

■ メタルバイブ
ロッド：HGC-610MLF/GPバーディック（デプス）
リール：レボ・ALC-IB7（アブ・ガルシア）
ライン：オルトロス フロロ 12Lb（よつあみ）

■ スピナーベイト
ロッド：HGC-70XS/GPブッシュバイパー（デプス）
リール：レボ・ブラック10（アブ・ガルシア）
ライン：オルトロス フロロ 20Lb（よつあみ）

■ ビッグベイト（250クラス）
ロッド：ヒュージカスタムH3S-76RF（デプス）
リール：レボ・ビースト41 HS-L＋TFL110ハンドル（アブ・ガルシア）
ライン：オルトロス フロロ 25Lb（よつあみ）

おわりに

　僕がなぜここまでブラックバスを、バスフィッシングを好きになったのか。

　ブラックバスは人間のことが大嫌い。それでも、あり得ないことに、バスはルアーを食う。これは、ずっと昔から続いているバスと人とのだまし合い。

　ブラックバスは学習能力が非常に高く、かつ食性がとても豊かです。それが世界一のゲームフィッシングたるゆえんでもある。「それはなかった！」というルアーや釣り方が次々に登場し、バスも釣られないように頭を凝らして進化する。とくに日本みたいな狭い島国で、同じ方法でバスが釣られ続けることってまぁないよな、と僕は思う。だからバスフィッシングはおもしろい。

　スタンダードな釣り方で釣り続けるのもひとつのスタイルではあるけれど、僕はもっともっと人智を超えたところに本当の正解があると思っている。そこに固定観念を持ってしまうのはもったいない。自分だけの正解を見つけていく楽しみ、釣り人としての新しい発想っていうのはすごく大事だと思う。いつだって「まずはやってみよう！」がすべての扉を開くのだから。思いついたらとにかくやってみる。固定観念のなかにはあるうちは、ストロングは表現できないかな、と僕は思っています。では、よい釣りを！

木村建太

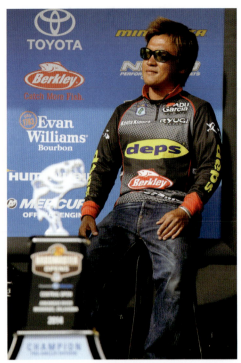

2014年、バスマスター・セントラルオープン第3戦、アーカンソーリバーにて2位を獲得。トロフィーまであと一歩

バスの本能を味方につけるパワーゲーム論
僕たちにはストロングしかない

つり人社
2019年2月1日発行

著　者　木村建太
発行者　山根和明
発行所　株式会社つり人社
　　　　〒101-8408　東京都千代田区神田神保町1-30-13
　　　　TEL03-3294-0781（営業部）
　　　　TEL03-3294-0713（編集部）

印刷・製本　図書印刷株式会社

乱丁、落丁などありましたらお取り替えいたします。
©Tsuribitosha 2019. Printed in Japan
ISBN978-4-86447-330-9 C2075

つり人社ホームページ　https://tsuribito.co.jp

本書の内容の一部、あるいは全部を無断で複写、複製（コピー・スキャン）することは、法律で認められた場合を除き、著作者（編者）および出版社の権利の侵害になりますので、必要な場合はあらかじめ小社あてに許諾を求めてください。